MONEY & YOU®　|　**全球商业精英优质课程**
超过100,000人的赢家俱乐部

你的空间有多大

How much space you have

王晰嶙 著

图书在版编目(CIP)数据

你的空间有多大/王晰嶙著. —北京:北京大学出版社,2011.10

ISBN 978-7-301-19581-9

Ⅰ.①你… Ⅱ.①王… Ⅲ.①职业选择—通俗读物 Ⅳ.①C913.2-49

中国版本图书馆 CIP 数据核字（2011）第 200097 号

书　　　名：	你的空间有多大
著作责任者：	王晰嶙　著
责 任 编 辑：	宋智广
标 准 书 号：	ISBN 978-7-301-19581-9/F·2924
出 版 发 行：	北京大学出版社
地　　　址：	北京市海淀区成府路 205 号　100871
网　　　址：	http://www.pup.cn
电　　　话：	邮购部 62752015　　发行部 62750672
	编辑部 62764976　　出版部 62754962
电 子 邮 箱：	sgbooks@126.com
印 　刷 　者：	北京京都六环印刷厂
经 　销 　者：	新华书店
	880 毫米×1230 毫米　32 开本　6.5 印张　115 千字
	2012 年 1 月第 1 版第 1 次印刷
定　　　价：	29.00 元

未经许可，不得以任何方式复制或抄袭本书之部分或全部内容。
版权所有，侵权必究
举报电话：010-62752024　电子邮箱：fd@pup.pku.edu.cn

目录 Contents

推荐序一 / 5

推序序二 / 7

自序 / 9

第一章 你的空间你做主

- 职场空间决定了你的前途 / 3
- 你的空间在你的优势之处 / 7

  让兔子去跑，别教猪唱歌 / 7

  掌握"独门暗器" / 10

- 做最好的自己，营造最大的空间 / 14

  性格决定命运，兴趣决定前途 / 14

  努力，就不用为失败找借口 / 17

  成功就是你比别人更用心 / 21

  善用诚实的力量 / 25

  忘记过去，才会走得更远 / 29

◎ 别做"职场橡皮人" / 34

"橡皮人"怕的不是寂寞，是冷漠 / 34

保持激情的法宝 / 39

第二章　为什么有的人空间越来越小

◎ 抱怨和借口只会毁了你 / 45

抱怨失掉整个世界，不抱怨赢得人生 / 45

让借口成为往事 / 50

◎ 拖拉是一种恶习 / 56

令人无法忍受的"超级名磨" / 56

不要让今天的事情"过夜" / 61

◎ 浮躁是迷失方向的罪魁祸首 / 65

外面的世界不一定精彩 / 65

斩断浮躁之根 / 70

◎ 斤斤计较成不了大器 / 74

斤斤计较为哪般 / 74

"钱途"是小，前途是大 / 79

◎ 华而不实总会被人看透 / 82

第三章　新空间在哪里

◉ **在人脉中发现新空间** / 89

贵人多"旺"事 / 89

经营好你的人脉 / 93

人脉是怎样炼成的 / 97

◉ **团队精神是未来发展趋势** / 102

组织无敌 / 102

好团队是职场最可依赖的资本 / 107

和"异己"搭档的哲学 / 113

◉ **新空间在每一个机会中** / 118

机会无处不在 / 118

机会往往在困难和挫折中 / 121

等待机会，寻找机会，创造机会 / 125

◉ **简单的改变就能扩大空间** / 130

有创新才有出路 / 130

创新原来可以这么简单 / 133

◉ **学习改变命运** / 137

终身学习的重要性 / 137

学习能力比学习本身重要 / 141

第四章 如何依靠新空间取得成功

- **好心态才能增值新空间** / 147

  能屈能伸不吃亏 / 147

  暂时的"屈"是为了将来的"伸" / 150

  坚韧才是求胜之道 / 152

- **允许空间有新陈代谢** / 157

  职场空间的代谢从受气开始 / 157

  容忍是空间代谢的能量积累 / 160

  代谢的极致就是跳槽成功 / 163

- **掌握提升和完善空间的能力** / 168

  最大前提:学会情绪控制 / 168

  智慧与努力:学会借力 / 171

  期待质变:建立强大的执行力 / 177

- **空间使用法则** / 182

  空间的叠加效应——1+1>2 / 182

  空间的边际效应——生活空间提升职业空间 / 185

推荐序一 Preface

今天看到晰嶙的新书书稿，心中甚感欣慰！作为一名资深授课讲师，无论是在中国，还是马来西亚、新加坡，他都得到了万千企业家的极高推崇。而作为实践家最优秀的高管之一，他的努力和付出，以及所取得的骄人业绩也是大家有目共睹的！

记得去年十月份与晰嶙的一次长谈中，我给了他四个字的建议：思考、沉淀。今天他用这本书给我交了一份满意的答卷！虽然行程安排十分紧张，我还是在飞机上一口气读完了这本《你的空间有多大》。作为他的老师和大家长，看到自己的学生有如此深刻的见地；看到自己的家人如此真诚地分享，我感到很自豪！

我喜欢读书，实践家的家人们都知道我的行李箱每次都很重，因为装的全是书。我也经常告诫公司的伙伴们要每天读书，知识决定命运绝不是虚言。晰嶙的这本书我觉得很不错，字里行间都能看出他的用心和专注，无论是书的构架，还是内容的安排都井井有条、脉络清晰，让人们在阅读的同时学会思考，深受启发！

　　人生一路走来，我们经常会提及"空间"这个词，空间不是简单的两个字，它所包含的内容是十分丰富的。职场上有人如鱼得水，有人却怨天尤人；有人神采奕奕，有人却愁眉不展！我想说：任何人的空间都不是由别人决定的，你的空间应该而且只能由你做主！如何让自己的空间更大，让自己更成功呢？晰嶙老师用他多年从事教育的经验，融合实践家Money&you文化的精华，以其幽默而生动的文笔、形象而富含哲理的案例为您作了最完美的诠释！

　　在此我想借用一句广告词来向大家推荐这本书：《你的空间有多大》您值得拥有！

林伟贤

推荐序二 Preface

与实践家的合作已经很多年了,认识晰嶙也是在BSE企业家商学院的课堂中。他给我的第一印象是:年轻有为,充满激情而又不失沉稳。

我们这一代人开创事业,打江山的时候是非常艰辛的,可以借鉴的东西不多,全靠自己摸爬滚打。而今天的大家比我们有福多了,有那么多前辈的成功经验给你们指航;失败教训给大家敲着警钟。但是我还是经常会听到很多人在抱怨:抱怨员工不好;抱怨老板不好;抱怨同事不好,抱怨平台不好……原因何在呢?现代人太浮躁!凡事爱找借口,爱推卸责任,但却不懂得去深刻地反省自己!

读了晰嶙老师的《你的空间有多大》的书稿,又得知在实践家的四年中,他从基层员工做起,凭借自己的努力一步步成长到今天,成为实践家的优秀主讲老师,而且是所有高管中出类拔萃的一个,我很受感动!与其说此书是晰嶙老师的创作，不如说是他总结了无数成功人士的成功经验，结合自身的奋斗史，用心血谱成的一本职场百科书。虽然没有华丽的语言，但是它真实、实用，值得我们去学习和借鉴！

相信老板们读后会更懂得如何去思考问题；员工们读后会更懂得如何去获得更好的发展空间，成就自己的梦想！

谈到梦想，我敢说人人都有，但并不是所有人都能梦想成真！如何正确地认识自己，提高自己，为自己创造更大的发展空间是值得我们深思的课题！

今天很高兴为大家推荐晰嶙的新书，认真读一读，它会让您的生活更美好，家庭更幸福，事业更成功！也希望大家喜欢这本书！

黄 鸣

自序 Preface

写《你的空间有多大》这本书的初衷，源于全球顶尖商业成长课程Money&you给我的触动与启发。每年，成千上万的企业家走进我们Money&you课堂，经过一次次心灵的震撼与洗礼，他们在走出课堂后成就了更均衡、更完美的人生！但还有更多的人没有发现这个秘密。另外，在讲课的过程中，我发现很多学员都存在职场困惑：没有规划；不知道如何处理人际关系；找不到自己的定位；缺少激情和动力……所以，我决定写这样一本书，结合Money&you的精华分享，希望能对大家提供一些力所能及的帮助！

职场空间突破了一般意义上的空间概念，包括了方方面面的内容。在我们看来，空间有着更为深层的意义，那就是思维方式！它直接影响着一个人的成长与成败！很多人埋怨世界不公平，很多人谴责社会的黑暗，很多人挑剔别人的缺点……而我们不成功的根本原因是这些吗？学过哲学的人都知道，内因才是根本原因，是我们的自身的思维方式偏离了轨道，限制了我们的发展，换句话说，我们没有认清自己，根本不知道自己的空间究竟有多大。林伟贤老师经常教育学员们的一句话就是：如果事情要改变，首先我必须改变！所以，学会改变，学会自己做选择才是成功必备的前提。

人生就是不断做选择的过程，今天的自己是昨天选择的结果，明天的自己也取决于今天的选择。人们每时每刻都在为自己做出最好的选择，但请注意那个最好的选择仅仅是基于自己的判断而已。因为每一个选择都昭示了自己的未来可以发展的空间有多大。就像一句著名的广告语："心有多大，舞台就有多大！"每一位在职场里打拼的朋友，都希望能有一个更好、更大的空间。无论是更好的成长空间、更好的晋升空间，还是更好的人脉空间。

每一个人的希望都是好的、期盼都是美的、梦想都是火热的。但为什么大多数人在奋斗的历程里，觉得自己的职场空间越来越小、路子越来越窄、人际关系也越来越纠结呢？为什么在自己的工作中处处碰壁、事事为难，觉得英雄无用武之地呢？与此同时，却总有那么一部分人能够在职场中游刃有余、在业务上蒸蒸日上、在晋升的空间里如鱼得水！

时间对于我们每个人来说都是公平的，但空间就不一样了，不是所有的努力都能成功，但不努力是绝对不会成功。

自序

随着社会的发展和竞争的日益加剧,人们的心境变得越来越浮躁,抱怨也越来越多!看过《秘密》这本书的朋友都知道吸引力法则:世界很奇妙,你想什么就会来什么!积极的思维带来积极的结果,消极的思维带来消极的结果,这是毋庸置疑的。试想一下,如果我们每天都抱怨,心情怎么会好?心情不好,又怎么能有热情投身于工作和学习中?没有热情的工作,怎么会有丰硕的成果?没有丰硕的结果,则只会加深我们内心的抱怨。周而复始,恶性循环就形成了!这就是你感觉没有空间的真正原因!而对于成功者来说,你会发现他们不管从事哪个行业,都有一个共性,那就是拥有积极乐观的心态。有了这样的心态,美好的事情才会发生,良性循环同样也会让我们感觉空间无限、生活美好!

本书从人脉、团队、创新、情绪等职场的各个方面做了较为详尽的论述,不求华丽,但求实用!这也是我们实践家教育集团一贯秉承的做事宗旨。说到不如做到,学了不用等于没学。这一点我体会非常深刻:在实践家成千上万的学习者中,并不是每一个人都得到了提升,而是那些把学到的知识真正运用到实践中去的企业家才是最终的受益者。所以,对于这本书,我也有一点小小的要求:希望读者们不要停留在文字的层面,而是要把它切实的应用到我们日常的学习和工作中。一旦你这样做了,你就会发现你变得不一样了!让每一位读者的职场空间变得越来越大，发现最好的自己，成就最完美的事业，这正是我写作此书的终极目的和落脚点。

最后，衷心地感谢我的恩师林伟贤老师和皇明太阳能集团董事长黄鸣先生在百忙之中推荐本书；感谢实践家教育集团大陆区总经理廖佑庆先生的大力支持；感谢北京大学出版社、北京森冠文化发展有限公司伙伴们的热情协助。同时感谢广大读者的支持与厚爱！

第一章 你的空间你做主

Money&You

职场空间决定了你的前途

对于上班族来说，一生当中最重要的时段是在办公室里度过的，职场是我们人生的主战场。而职场是由空间组成的，一个巨大的空间下面拥有无数个小空间——老板的空间、同事的空间、下属的空间……连缀交叠，构成了职场大空间。如果说职场是人生的一道风景，那么职场空间就决定了我们事业的高度和人生的宽度。

有的人一辈子或许都觉不出空间的重要。但是在职场，如果不能尽早觉察空间的重要性，恐怕要栽跟头。轻则多奋斗几年，重则落入失败的深渊，不能自拔。

在职场上，时间是公平的，给你这么多，给他也这么多。但空间就不一样了，它不公平，会有偏爱，不是奋斗就能得到，但不努力是绝对得不到的。有时候，它需要机会，需要智慧，还要懂得取舍……总之，空间比时间更难操纵。

其实，空间虽然很少引起上班族的注意，但在潜意识里，空间危机感自始至终都存在。可以说，自从迈入职场的那天起，这种不自觉的空间危机意识就进驻你的大脑，挥之不去。尤其是你在职场举步维艰的时候，空间意识会跳出来，狠狠地刺激你一下！

尤其是初入职场的菜鸟，空间极其狭小。于是，菜鸟们终日兢兢业业，如履薄冰，生怕一时不慎，连最起码的空间都失掉。然而对于职场空间，你是躲不掉的，要想在职场生存，唯有接近它，塑造它，利用它，赢得它！

如果你是职场菜鸟，如何能在冲进职场空间后站稳脚跟？你的专业技能和知识是你的立足之本。你只有掌握了过硬的专业技能和足够用的知识，再加上接受新事物的积极态度和开拓创新的精神，你才会拥有拓展初步空间的基础和能力。

初步空间很重要。它是你的根据地，你的地盘，你的起始点，你在职场上的升迁、加薪、积累、质变，甚至遥远将来的成功、辉煌，都要从你的初步空间起步。可以说，没有坚实的初步空间，就没有职场上的一切。

对于混迹于职场若干年的人来说，或许理想已然泯灭，或许依然热血沸腾，或许已经到了质变飞跃的关头，但无论如何，空间都是重中之重。

而对于那些混日子的人来说，虽然前景灰暗一片，可是如果不重视空间的塑造，恐怕连"混"的日子也所剩无几。

那么，该如何塑造空间呢？有效的沟通，精诚合作的团队，强大的执行力，以及行之有效的企业文化，都能帮你塑造空间，慢慢地使你成为职场强者。

终于有一天，你有了经验，又有了资历，还有深广的背景，你觉得差不多了，自以为已经成了空间的主人，可以松一口气了。结果，你错了！大错特错！

空间不是固体，绝非一成不变，也绝非永远得心应手，你如果不去一如既往地加以塑造，久而久之，空间就会变质，变得令你感到陌生，感到手足无措。

说到底，无论是职场菜鸟还是职场达人，只要你一日不离开职场，就不能松懈对空间的塑造和改良。职场的空间塑造力已经成为每个上班族应该掌握的最得力的武器。

请你记住：职场上风云变幻，空间能塑造成功的你，也能毁灭沉沦的你。其实，你在职场是选择成功，还是选择沉沦，是选择辉煌，还是选择毁灭，你的技能贡献微乎其微，关键在于你的职场空间的发展和塑造。只要你肯用心塑造，空间就有无限可能。

空有大志毫无用处，抱怨于事无补，憎恶反危及自身，唯有从日常工作着手，怀着坚定和平常的心态，事情一件一件地去做，才能逐步开拓发展空间。

职场上，无论是刚建立初步空间的上班族，还是拥有成熟空间的元老功勋们，都不能放松对空间的塑造。延长空间的使用寿命，利用空间创造无限成功的可能，这才是上班族应有的心态和目标。

你的空间在你的优势之处

优势是什么?

优势就是你有而别人没有,你有很多而别人只有很少的东西。总之,优势就是你感觉最强大的地方。塑造职场空间,就是要充分发挥你的优势,规避弱势。

让兔子去跑,别教猪唱歌

短板理论说,决定一个人命运的是木桶中最短的那块板,即你的劣势。可是,这个理论在职场就要打个问号了。不可否认,劣势会让你感到举步维艰,但你的眼光应该集中到你的优势上。

有一句话叫"让兔子去跑,别教猪唱歌",兔子的优势是跑,而教猪唱歌的成功率比零还低。道理不言而喻,扬长避短才是每位职场人所应该正视的问题。如果你泥足于你不擅长的地方,那么,注定要在职场失败,因为弥补短板的可行性和成功率几乎为零,况且职场不会给你这个时间和机会,你的路会越走越窄,空间将愈加狭小,最后只会是死路一条。

相反，如果你在你感觉最强大的领域好好发挥，强者愈强，专者愈专，把优势的功效发挥到极致，成为该领域内的高手，成为职场上无可替代的员工，这就能很容易获取成功。

你是愿意固守不足把路走死呢，还是愿意发挥优势取得胜利呢？

张平在一家外贸企业的市场拓展部工作，职责就是开拓海外市场，跟国外的客户进行谈判。可是他的英语水平，尤其是口语水平，却很难达到要求，为此他常常焦虑上火。

为了弥补自己的不足，他经常在工作之余，参加各种商务英语的培训班，甚至不惜重金加入只有外籍人士才能参加的外语沙龙。可是，付出的心血并没有获得多少回报，他的口语水平并没有显著提高。

为此，张平曾一度自暴自弃。同事告诉他："语言这东西是需要天分的，后天的努力并不怎么起作用，或许只是浪费时间。"这对张平是个不小的打击。

有一家印度企业想从张平所在的公司进口一些手机配件，可是条件比较苛刻。如果按照印方企业的要求，张平所在的企业能赚的利润微乎其微。为了维护企业利益，董事长黄立决定派遣谈判团到印度去。

黄立选择了极富谈判能力的张平为领队。因为知道他的英语口语不行，专门为他配了口语能力超强的翻译。

到了印度，张平凭借自己广博的见闻知识、纵横捭阖的谈判策略，加之翻译的精彩传译，成功地提高了自己企业出口的价码，把利润一下子提高了很多。

回国后，张平被擢升为拓展部经理。

张平找到黄董事长，说："黄董，其实我的口语能力很差。"

黄立拍了拍他的肩膀，说："这似乎是人所共知的事实。但是我要告诉你，年轻人，做人，尤其是在职场，切不可沉滞于自己的短板而裹足不前，那样只能耽误你的前途。要发挥优势，把自己感觉强大的专业和领域发挥到极致，才能收获成功。这次的印度之行，不恰恰证明了这一点吗？"

张平恍然大悟，心中对董事长充满了感激。

职场之上，如果你有短板，那么请忽略它。人怎么可能赢在不足上？利用好你的优势，才是正确之道。弥补不足并没有错，错就错在你裹足不前，无法自拔，进而荒废了本有的优势，错失可能取得的成就与辉煌。

有的人善于沟通，有的人善于逻辑，有的人善于演绎，有的人善于管理，有的人善于执行……发现自己的优点，了解自己最擅长的技能和领域，才是我们扬帆起航最持久、最有力的支撑。

在自己所擅长的领域做得出色，把优势做到极致，我们的人生和工作才能快乐。没有优势，快乐就如同镜花水月。

无论是初入职场的新手，还是遇到岔路的职场迷茫者，发现并牢牢抓住自己的优势，才能为开拓空间打下坚实的基础。

掌握"独门暗器"

《西游记》中孙悟空大闹天宫，十万天兵都拿他没办法，唯有在唐僧念紧箍咒时他才服服帖帖，不敢造次。

"紧箍咒"就是唐僧对付孙悟空的"独门暗器"，现代叫做一技之长。要想在激烈的竞争中占据优势，取得主动，没有这个不行。

古时候的手工艺者一般都有"压箱底"的绝活，"压箱底"自然不能轻易拿出来，只有在万不得已的时候，才靠这独一无二的绝招来"救场"。

掌握"独门暗器"

你的空间有多大

"独门暗器"就是自己专而又专、精益求精的本事。职场上,就业的压力和竞争的压力十分严峻,稍有技不如人的地方就会迫使你陷入被淘汰或被裁撤的境地。为了避免出现这种情况或在危急的时候能挽回局面,你不得不尽可能多地掌握"独门暗器",以确保后顾无忧。

美国有一个小伙子,在他10岁那年,父亲就意外丧生,留下他和母亲及两个弟弟。

由于家境贫寒,他不得不很早就辍学,到砖厂打工赚钱贴补家用。他虽然学历有限,却凭着自己特有的热情和坦率,处处受人欢迎,进而转入政坛。

他连高中都没读过,但在他46岁那年就已有四所大学颁给他荣誉学位,并且在政界担任要职。

有一次,有记者问起他成功的秘诀,他说:"辛勤工作,就这么简单。"

记者有些疑惑,说道:"你别开玩笑了!"

他反问道:"那你认为我成功的原因是什么?"

记者说:"听说你可以一字不差地叫出一万个朋友的名字。"

"不,你错了!"他立即回答道,"我能叫得出名字的人,少说也有5万。"

这就是他的过人之处。当他刚认识一个人时，他必定会先弄清他的全名、家庭状况、所从事的工作，以及他的政治立场，然后据此对他建立一个概略的印象。

当他下一次再见到这个人，不管隔了多少年，他仍能迎上前去拍拍对方的肩膀，嘘寒问暖一番，或者问问对方的老婆、孩子是否安好，或者问问对方最近的工作情况。

有这份能耐，难怪别人会觉得他平易近人、和善可亲。

这个年轻人很早就发现，牢记别人的名字，并正确无误地唤出来，这是一种无法比拟的优势。

做人就是要找到自己的独特价值。这样的价值往往独立于传统的价值之外，可能随时随地都有，也可能周遭全是，但我们不用心就不能发现并转化为我们自己的技艺或者学问。

我们面对的是一个多元的世界，竞争的形势日趋激烈，怀揣文凭的人遍地都是，有的人学历可能比你显赫，文凭的含金量也比你高，但这并没什么，文凭不过是一纸文书，决定你命运的还是你的真本领、你的"独门暗器"。

要想永远占据潮流的风口浪尖，唯有练就一门技惊四座的"独门暗器"，才能在职场上呼风唤雨，成为企业的核心竞争力。

做最好的自己，营造最大的空间

你在职场上能拥有多大的空间，很大程度上取决于你自己。空间是靠自己营造的，你能发挥多大的自我力量，就能拥有多大的空间。

性格决定命运，兴趣决定前途

众所周知，要"干一行，爱一行"，但真正做到并不容易。因为我们承受着巨大的生存压力，面对高房价、高物价，维持温饱已属不易，又要对父母、家庭以及未来的子女承担责任，这时候，我们不得不为一份并不丰厚的收入而出卖自己的劳动力。为了使自己"卖得贵一点儿"，很多时候我们必须忍受上司的责骂、客户的刁难、业绩的压力……此时还何谈"干一行，爱一行"？

因此，无论是初入职场的菜鸟，还是老江湖，要想在职场上一马平川，最重要的就是知道自己喜欢什么、知道自己想要什么。职场与人生一样，三十年河东，三十年河西。如果不知道自己想要什么，就算世界不抛弃你，你自己也必然沉沦。

明晰自己的个性，然后根据独特的自我去做合适的选择，而不是盲目地削足适履，硬性地强迫自我去"适应"一份工作。这是每个职场菜鸟面临的首要任务。如果你不能对自己的个性有个全面而清醒的认识，你就失去了在职场发展的根基。

如今的招聘市场，存在着供大于求的现状，许多企业在招聘员工的时候，往往只看重学历和能力。可是，不得不说，这种招聘方式已经落后。

未来的招聘趋势将是性格招聘。最简单的理由：学历不可靠，能力不足可以通过培训提升，但如果性格有缺陷的话，改变起来就很难。江山易改，本性难移，如何塑造并掌控员工性格，越来越成为企业领导担忧的问题。

现在人们谈得比较多的情绪管理问题，说到底也是性格管理。

性格决定命运，同样的，性格决定职场命运。因此，进入职场之前或进入后不久，你最好清楚自己的性格，然后树立方向，找到和自己性格相匹配的职位。

另外，兴趣的多寡决定了职业选择空间的大小。兴趣广泛的人,职业选择的空间相对较大;兴趣比较少的人,职业选择的空间相对狭窄。

美国哈佛大学心理学家加德纳认为,一个人的智能是以组合的方式构成的,每个人都是具有多种能力的组合体,人的智能是多元的,除了言语、数理两种基本智力以外,还有视觉、音乐、身体、自我认识智力等。因此,发掘自我的兴趣很重要。兴趣能直接影响活动的效率,是顺利完成活动的个性心理特征。

达尔文讲,物竞天择,适者生存。对于职场来说,这句话也有着残酷的现实意义。如果你志在职场中脱颖而出,追求自我的成功和成就,那么,现在你需要做的就是问问自己,是否适合这份工作。如果答案是否定的,那你还有很长的一段路要走。

有位哈佛大学的应届毕业生准备找工作,便去请教前辈关于投资银行和管理咨询顾问职业生涯的问题,但这位前辈注意到这位年轻人最感兴趣的职位是"汽车设计师",于是便衷心地建议年轻人:"你应到底特律工作才对呀!何必走老路要到顾问行业或银行业呢?"

年轻人很无奈地说:"我父亲告诉我,念哈佛,不是为了进汽车业。"

后来这个年轻人果然如父亲所愿，进入华尔街工作，每个星期工作80多个小时，在后来，虽然他食物无忧，但因为觉得这份工作索然无趣，还是选择了离开。不过，很多好的时也已经错过了。

其实，"人生苦短"，不仅是失意人的一时感慨。屈指算来，人生不过两万多天有效时光，其中工作占去大半的时间。如果干你不喜欢的工作，你就会感到很累，也不会有激情，更不会有创造力，这样混下去，损失的是你的青春，又何谈营造职场空间？

努力，就不用为失败找借口

这个世界上并没有几个天才，但我们每个人都有天分，而努力能将天分变为天才。

放着天分不用，就像古代那个叫做仲永的人一样，虽然聪明过人，出口成章，但高傲懒惰，最终还是一事无成。

天道酬勤，这是上天对勤奋努力的人的厚爱与褒赏。任何时候，我们都要坚定这样的信念：我们的付出一定会得到回报。这种回报有显性的和隐性的，有长远的和眼前的。

因此，我们要走出误区，不要被显性的和眼前的回报迷惑了双眼而停滞不前，更不要因为看不到隐性的和长远的回报而灰心丧气。

如果你没有得到回报，那么理由只有一条，就是你的努力还不够。大多数时候，我们往往以为自己很努力了，其实我们还不够努力，所以我们没有成功。鲜花和掌声从来不会光顾懒惰的人，非凡的成就往往是付出了比常人多数十倍的努力而换来的。这是永恒的真理。

说"自己努力了，结果不重要"，或者说"谋事在人，成事在天"，其实，这都只是自己不成功的借口。

努力得不够，这种努力只能算是带着侥幸心理的努力。如果人生是一场赌博的话，你非常不靠谱地把命运押在了自己虚构的努力之中。

你是不是很努力？这不但要让别人说，而且要让自己的内心说。

勤奋和努力都伴随着巨大苦痛，甚至是灰暗的过往。凡是经过勤奋努力成功过的，当别人问起往事，他的复述一定会把自己的泪水勾落。

职场上也是如此。你真的努力了吗？你努力到什么程度？你为自己的努力感动过吗？还是只是为自己失败的结果找了一个聊以安慰、自欺欺人的借口？

在一家著名的房地产公司，年薪100万的销售总监在给新招进来的销售人员上培训课。

销售总监并没有给他们讲什么枯燥的理论知识，而是开门见山地问："你们知道我为什么可以拿到100万元的年薪吗？"

这个敏感的话题显然抓住了大家的兴趣，他们开始窃窃私语。

"没有关系。你们尽管大胆地把你们认为可能的理由说出来。"销售总监鼓励他们说。

"因为你学历高！"

"我只有小学的学历。"

"因为你和公司的老总是亲戚。"

"我并不知道他的妻子是谁。"

"因为你有销售的天分。"

……

销售总监仍然摇了摇头，学员们把能想到的一切理由都说了，仍然没有说中。他们甚至怀疑总监是在和他们开玩笑。

你的空间有多大 Money&You

面对学员满脸的疑惑,这位总监说起了自己的故事:

"我来北京的时候只有18岁。我们家是村子里面最穷的,因为我的父亲很早就死了。我们读不起书,只能读到小学。

"那时候,村里的人都嘲笑我没有钱娶媳妇。说来好笑,我就是为了这句话才跑到北京来的。我发誓我一定要赚足够的钱、娶一个媳妇回去给他们看看。

"刚来这家公司的时候,公司规模还很小。我是免费发了三个月的传单,联系了一家客户才被录取的。做销售的,口齿要伶俐,但我最大的缺陷就是普通话说不好。曾经有好几个客户因为没有听清楚我说的话,误解了我的意思,所以导致谈判的失败。

"为了练好普通话,我找来小学课本,把汉语拼音重新学习了一遍,每天含着小石块朗诵课文,力求发音准确。普通话练好以后,我开始练胆子,你们知道的,胆大是销售人员必须具备的一项心理素质。我专门跑到人多的地方,大声地喊出自己的名字,并说自己一定要成功,一定会成功。周围的人都以为我是疯子,如果换作我,我也会这么想的,但我顾不得那么多了。最后,胆子也有了,可还是缺乏经验。

"于是,我跑到西单图书大厦买来所有关于销售方面的书籍,一本一本地读。在客户方面,我的同事有的很轻松地就可以签下一笔业务,而我往往要联系几十个客户才能成功地签到一笔业务。

"为了谈判成功，我想尽办法获取客户的详细资料，有一次竟然遭到客户的殴打，说我窃取他的隐私……

"所以，我能有今天，是我付出了比别人多10倍的努力而换来的。我年薪拿100万，靠的就是两个字：勤奋！"

销售总监的故事讲完了，台下响起了经久不息的热烈的掌声。

此时，这位销售总监的眼角挂着闪光的泪花。

功夫不负有心人，如果你真的努力了，连自己都为自己的勤奋而掉泪，那么，你一定会成功！

只有更勤奋，没有最勤奋。当我们赚第一桶金的时候，也曾努力过，可是有一点儿成绩就满足了，等到我们发现金子不够再想努力的时候，金子早就被别人挖光了。

自以为是的停滞实在害人不浅，而勤奋则能使得你远离功劳簿，把脚步和眼光放在远方。我们的职场空间只有在无尽的勤奋当中才得以拓展和加深。

成功就是你比别人更用心

你会用心吗？"世上无难事，只怕有心人"，职场上尤其如此。专业领域究竟谁比谁强？其实未必。他之所以

比你成功，是因为他更用心。

其实，很多事情一开始就已经注定结局了。如果你一开始就抱着这样的态度——我只是来打工的，为了拿到每个月的薪水，我必须完成自己的本职工作，而其他的一切与我无关，那你最后一定连每个月的足额薪水都领不到；如果你把工作看成是自己的事业，在工作中每一件事都用心去做，那你的成就很可能会超出自己的预期。

"用心去做"是一个严谨的工作态度，或者说，它是一个最靠谱的心态。你可以能力低于别人，但如果你连用心工作都做不到，那你就真的很危险。因为一个人能力不够，公司可以对他进行培训，甚至送他去进修，加强培养，来提高他的能力。但如果是态度不端正，那能力再强，对企业来说也是毫无意义的，因为他不会把他的能力全部用在工作上。

其实，这个所谓的端正态度很简单，就是最基本的你要"用心"工作，而不是"用手"工作。所谓"用心"工作，就是凡事要认真。认真工作的态度，会为一个人既定的事业目标积累雄厚的实力，同时，还会给公司、老板带来最大化的实际利益。

因此，在每一个公司里，认真"用心"做事的员工都是老板比较青睐的。

你的空间有多大　Money&You

无数的例子证明了这样一个观点——用心可以成功。

美国钢铁大王安德鲁·卡内基的成功则是从捡到一份额外的业务开始的。

因为家境贫寒，卡内基中学都没有读完就不得不走上社会。他的第一份工作是在匹兹堡负责递送电报。由于工资很低，他渴望能成为一名接线员，但是做接线员要求懂电报业务，为此，他晚上自学电报业务，每天早晨提前跑到公司，在机器上练习。

有一天，公司忽然收到一份从费城发来的电报。电报异常紧急，但是当时接线员都还没上班，于是，卡内基立刻跑去代为收了下来，并赶紧将其送到了收报人的手中。

之后，他被提升为接线员，薪水也增加了一倍。

由于接线员的工作相对轻松，卡内基有更多的精力用于学习商业知识，这为他后来走上商业道路，并成为钢铁大王奠定了良好的基础。

这样的故事还有很多，故事的主人公们用不同的故事诠释了一句话：成功就是你比别人更用心。

你觉得工作琐碎、简单，毫无创造性可言，因此提不起兴趣。可是，就是在这极其平凡的职业中、极其低微的行为之上,往往蕴藏着巨大的机会。只要把工作做得比别人更完美、更用心,就能达到自己想要的结果。

在做完一件工作后,你应该这样告诉自己:"我愿意做那份工作,而且我已经竭尽所能并用心来做了,我更愿意听取别人对我的批评。"

成功者和失败者的区别就在于:成功者无论做什么工作,都会用心去做,并力求达到最佳的效果,不会有丝毫的放松;成功者无论做什么职业,都不会轻率敷衍。

用心工作,最大的受益者是自己;糊弄工作,最大的受害者也必定是自己。

从平凡到优秀其实只有一个秘诀,那就是工作上要用心一点儿,再用心一点儿。只要用心去做,每个人都能成为最优秀的职业人!

善用诚实的力量

职场人士大都迷信个人能力,认为只要我有才能,就不愁老板不重用。可是,事实却是,在职场上,才能不可倚靠。

那什么才靠得住呢？唯有诚实可保万无一失。有这样一句俗语：最强大的力量是诚实。同样在职场，诚实是一个员工最大的美德。与诚实相关联的是忠诚、正直、真实等，而与诚实相对立的是虚伪、欺骗、欺诈等。

职场忠诚胜于能力。能力是进入公司谋求发展的敲门砖，没有能力不会得到认可，更不会被委以重任，成为中流砥柱；忠诚是职场生存稳步做大的护身符，没有忠诚不会得到上司的青睐，更不会被安排要职，步步高升。

老板最看重既有才能又很忠诚的员工，如果不同时具备这两项条件，非得有所取舍的话，那他一定会选忠诚者，而毫不犹豫地放弃才能者。道理很简单，老板也需要安全感，他不喜欢才能卓著的"叛徒"。

一个员工能力可以有所欠缺，但在忠诚上却容不得一丝瑕疵。如果员工被老板发现了于不忠于公司的行为，那么，他在这个公司的发展前景一定会暗淡无光；如果这个公司对员工来说很重要，那么员工的人生和命运就会因此受到不好的影响。

因此，最佳的状态是忠诚和能力并重，这样的员工老板最喜欢；退而求其次，能力差一点儿但绝对忠诚，这样的员工老板会很放心；再次，只有忠诚，没有能力，这样的员工老板也不会亏待；最糟糕的一种情形，即有能力但不忠诚，或者既没能力也不忠诚，这样的员工走到哪里都不会得到重用，从而影响前途。

有些职场人士不懂得以诚为本的道理，常喜欢夸夸其谈，有意识地将自己的能力和成绩夸大，同时极力掩盖自己的缺点，以期博得企业的好感，或者自鸣得意于雕虫小技。岂不知这样容易使人误入歧途，尤其是对于上班一族，要是这样行事，原形毕露之日便是职场失败之时，不可不忌。

要记住：相对于你的缺点，老板更重视你的诚实。

高强毕业于北京工商大学，在学校里不是高才生，也没有入党，但是，在国务院某部的公务员面试中，他却高居第一名而被录用。

当问及考官问了些什么问题的时候，他说印象比较深的是问他，为什么没有在大学入党。

高强是这么回答的："上大学的时候，我一直在积极争取入党，交了入党申请书，也参加了入党积极分子学习班。但是，后来上课的时候再没有人通知我参加。我想是自己的表现还够不上党员的要求吧。我会在工作中继续努力，争取实现自己入党的愿望。"

高强告诉我，当他回答完这个问题时，发现几位考官都在微笑，那种微笑是一种会心与理解的表示，他的坦诚打动了考官。

"所以，一定要诚实，说假话肯定会表现得不真诚，为了弥补谎言而承担的心理压力会让你在面试中付出惨重的代价。"

高强如是说。

可见，诚实的品质相当于一个人的内力，你的武功招数再高明，一定要有内力做基础，才能发挥克敌的威力。

诚实作为一条自然法则，违背它的人会得到报应，受到应有的惩罚，就像万有引力定律不可违背一样，诚实的定律也是不可违背的。

很多上班族在求职时，总喜欢投公司所好，在简历中把自己包装成无所不能的"人才"。明明没有的经历，偏偏编得"有声有色"，甚至不惜发挥自己"丰富的想象力"，弄虚作假。"无所不能"的形象真的能达到自己的目的吗？

诚实是金，别人对你的信任，首先来自你对别人的诚实。不诚实的员工要警醒，你得意一时，难免伤心一世。

老板绝不会对不诚实的员工心存仁慈。

上班族要想在社会立足，干出一番事业，就必须具有诚实的品德,要谨记:任何老板都不是傻子,他们像狼一样盯着你们这些职场羔羊,一旦发现你欺骗他,必定露出血腥的獠牙,将你置于死地。

员工的忠诚、诚实,每个老板都会看得很重,这也是他们不会妥协、不会让步、不会忽视、不会淡然处之的雷区。

智慧的上班族在职场无论如何纵横捭阖、左右逢源,都不会去触碰这片雷区。

如果不信这个邪,偏偏要去欺骗,那么,你会以最快的速度检验到老板反击的力量——必以你职场的前途为代价!

忘记过去,才会走得更远

职场上稍有成就的人都会觉得自己很优秀,很了不起,能力很突出,然后躺在自欺欺人的光环中,故步自封。有的人甚至对自己的优秀产生崇拜的情结,认为自己无所不能,必能在职场一马当先,创造辉煌。

结果,这样的人不是死在后辈的"沙滩"上,就是死在盲目的自负上。

有时候,优秀并不见得是一件好事。切记永远不要把过去当回事,永远要从现在开始,学会把自己"归零",忘掉自己的优秀、成绩、光环,从零开始,虚心向前,才能得到全面的超越。

第一章 你的空间你做主

联想刚创业时，由于没有经验，大部分资金被人骗走了。一方面，他们不得不去卖白菜、萝卜，以挽回损失；另一方面，他们又总结出"不重过程重结果，不重苦劳重功劳"的理念，从制度建设和文化提升方面对公司进行全面的改造。

当联想颇具影响力、迅速发展的时候，客户对联想极力夸赞，而柳传志却谦虚地说："我们联想只是一家小公司……"这种低调赢得客户的加倍信赖，也促使了企业更大更快的发展。

杨元庆进入联想后，很快有了优异的工作表现。因此，他有些沾沾自喜，自以为是。尤其是当自己的看法和别人不一致时，不太懂得让步，结果与其他一些领导之间的矛盾加剧，而他自己并没有觉察到。

有一次，柳传志在大庭广众之下狠狠批评了他一通。

这可是从来没有过的，杨元庆很受不了，甚至当场就哭了。晚上回家后，他准备写辞职书。但最初的冲动过后，他冷静下来，认真反思了自己。

最后他终于想通了，觉得柳传志对自己的批评是对的，这不仅是为公司负责，也是为自己负责。于是，他撕掉了辞职书，写了一封检讨书。

从辞职书到检讨书，这是一次十分彻底的"归零"。

通过这次"归零",杨元庆开始对自己提出了更高的要求,最终成为联想的董事长。

因此,上班族不仅要能干,还要敢于"归零"。每一天都应是一个新原点,每一次工作都应从零开始,每一个任务都应以一种崭新的心态去完成。有"世界第一CEO"之称的杰克·韦尔奇说:"纠正自己的行为,认清自己,从零开始,你将重新走上职场坦途。"

上班族最容易犯的错误就是将过去的成功和经验用于新的角色和环境中,以为放之四海而皆准,结果处处碰壁,造成了很大的瓶颈和障碍。

此时,只有清空自己,别让看似重要的东西束缚了自己,比如成就、权力、利益、面子、学识……一切从零开始,才能获得最好最快的发展。

有"美国人之父"之称的富兰克林,是美国的政治家、科学家、独立宣言的起草人之一。年轻时,他曾去拜访过一位德高望重的老前辈。当时的富兰克林年轻气盛,挺胸抬头迈着大步,一进门,他的头就狠狠地撞在门框上,疼得他一边不住地用手揉搓,一边看着比他身子矮一大截的门生气。

出来迎接他的前辈看到他这副样子，意味深长地说了一句话：

"很痛吧！可是，这将是你今天访问我的最大收获。一个人要想平安无事地活在世上，就必须时刻记住：该低头时就低头，这也是我要教你的道理。"

其实并不是空间太小，而是我们将自己看得太大。当心中装满了自己，就不会有在意别人的地方，空间当然就会很小。你的空间到底有多大，在一定程度上取决于你归零的能力。

你的空间有多大　Money&You

别做"职场橡皮人"

"橡皮人"怕的不是寂寞,是冷漠

要想在事业上取得成就,最起码的前提就是你要对这项事业保持激情。

激情能为你的工作提供源源不断的智力支持和体力保证。试问,如果你对工作连一点儿激情都提不起,那么,你希望能从中获得什么呢?

没有激情,就没有成功。

《新周刊》提出一种新说法。它认为,现在的职场充满了"职场橡皮人"。对"橡皮人"的定义是:他们没有神经、没有痛感、没有效率、没有反应;整个人犹如橡皮做成的,是不接受任何新生事物和意见、对批评和表扬无所谓、没有耻辱和荣誉感的人。

不得不感叹,现在的职场是橡皮人的时代。

可以说,橡皮人是失掉了梦想的可怜人。他们情绪枯

橡皮人怕的不是寂寞，是冷漠

竭、才智枯竭、生理枯竭、价值枯竭，既失去人性化，也无成就感。哪怕是已经取得了很大成就的人，也难免面临沦为橡皮人的危险。

麦迪逊是毕业于哈佛大学设计研究生院的高才生。经过十几年的摸爬滚打和创新实践，他终于成为建筑领域的先锋和佼佼者。

2003年，他获得了一次跟名动全球的建筑大师贝聿铭品茶交流的机会。

贝聿铭把自己专业领域内的宝贵经验跟他交流，并在最后的时候说："小伙子，追求成功是没有止境的，最重要的是你要保持激情！激情对每个人来说，都是上帝赐予他的最丰厚的礼物。"

麦迪逊非常认同贝老的一番话，因为他这些年就是凭借源源不断的激情才取得了让人瞩目的成绩。

后来，欧盟总部邀请他为设在日内瓦的办公机构设计一座新建筑。

麦迪逊接到邀请函后，心情异常激动。一个全新辉煌的前景在他眼前闪耀。他想，接受了这次邀请，一定能够借机声名大起，一举奠定他在世界建筑界不可撼动的地位。

第一章 你的空间你做主

他很兴奋,仿佛万众瞩目的时刻已经到来。

可是,令他懊恼的事情却是,他发现他对建筑物的灵感没有了,面对图纸的时候,他提不起精神来,一点儿激情也没有。

这种情况前所未有。为此,他差点疯掉。

接下来的日日夜夜,他烦躁、歇斯底里、沉默、沮丧,甚至酗酒,幻想着依靠药物的刺激能够唤醒沉寂的激情。

但是,一切都不起作用。

最后,麦迪逊被折磨得身心俱疲。

一天,他异常清醒,打点行囊,一路飞到非洲原始丛林里,从此再未见他出来过。

一颗建筑行业的明日巨星一下子变成非洲原始丛林里的野人,这样的转变让人欷歔。

这就是沦为橡皮人的下场。现在,橡皮人已经是一种普遍的现象,无论是发达国家,还是发展中国家,总有麻木的职场橡皮人痛苦地活着。

越来越多的职场人士渐渐沦为橡皮人,原因是复杂的,说明个人的欲望诉求与工作社交关系都出了问题。个人方面,大多数人把工作看成获得财富和地位的手段,工作本身带来的满足感和成就感被消解了；工作上，短期工作和不稳定工作逐渐增多，换来换去，也不过是糊弄个温饱；社交环境中，以竞争为基础的环境充满了尔虞我诈，人们不能建立积极的社会关系，不断地体验疏离感和压迫感。这些情绪的堆积和酝酿，最终导致人们畸形地寄希望于金钱，为了逐利不惜一切手段和代价。

忘我地追求名利的代价就是：不再有梦，不再有激情，最后只剩下麻木和冷漠。

这样的代价很惨重。艺术家陈丹青曾说过，生活是荒谬的。浮华的物质主义扭曲了人性，让激情成了人类无尽贪念的牺牲品。

韩寒也曾为橡皮人做出注解：（很同情）80后、90后，他们一迈入社会，就要面对高房价、高就业压力，他们还怎么敢有理想？甚至，他们回头一看，比他们学习糟的人都发财了，身边的漂亮女孩都跟大款走了，他们的价值观都崩溃了……

没有激情的生活，无异于一潭死水；没有激情的工作，无异于慢性自杀。

保持激情的法宝

对工作没有了激情，反正那不过是糊口的差事；失掉了理想，能在这个城市安身立命已是不容易；生活失去了色彩，没有了对美的感知，忽略和淡漠一切美好而富有情趣的生活细节；对人际关系充满了焦虑和敌意，哪怕是你最信任的同事，也会因为一个职位的升迁尔虞我诈；手机里存了几百个电话号码，痛苦时却不知道打给谁；经常吃吃喝喝，称兄道弟，但开口借钱时所有人都突然"失踪"……

这一切如果得不到扭转，人活着还有什么意义呢？

有关调查显示，工作10年以上的职场人士最容易成为橡皮人，有42.4%接受调查的人在工作10年后，进入"橡皮人"状态。

资深人力资源专家指出：这个时候，除了自我检讨和反省以及积极调整心态以外，去学习、培训或者给自己放个长假，都是改变橡皮状态的有效途径。

怎么让职场保鲜，让自己精力充沛地去面对每一天重复的工作？想必很多职场人士都在寻找答案。要想重获工作激情，自我激励必不可少。

只有不断突破和挑战才是职场保持激情的不二法门。切记，不要躺在舒适区。舒适区只是避风港，不是安乐窝。它不过是你心中迎接下一次挑战的预备区。

保持愉快的心情也很重要。人能从愉悦的心情中获得新的动力和力量，找出自身的情绪高涨期来不断激励自己。有了积极乐观的心态，才能在工作中充满精力。

许多人惊奇地发现，他们之所以渐渐丧失了激情，是因为他们的主要目标太小，而且模糊不清。因此，真正能激励你奋发向上的是确立一个既宏伟又具体的远大目标。

接下来，要与乐观的人为伍，对于那些不支持你目标的"朋友"，要敬而远之。你所交往的人会改变你的生活，与对生活有热情、具有感染力、乐观的人为伴能让我们看到更多希望，激情也会随之复苏，鼓励你去探索更大的成功。

职场之路绝非平坦，但你可以安排自己的休整点。即使你现在感觉不错，也要做好调整计划，这才是明智之举。能使自己休息下来，这样在你重新投入工作时才能更加富有激情。

困难对于脑力劳动者来说，不过是一场场艰辛的比赛，如果学会了把握困难带来的机遇，你自然就会激情陡生。

成功的真谛是：对自己越苛刻，生活对你越宽容；对自己越宽容，生活对你越苛刻。所以，不要惧怕困难，甚至失败，那只是对自我的一次重新塑造。战胜了自我，一切都可战胜。用激情武装自己，没有什么是不可能的实现的。

要时刻锻炼自己的执行力，专注于当下的执行力。不可沉浸在过去，也不要沉溺于未来，要着眼于今天。一切就绪后，一定要学会脚踏实地、注重眼前的行动，要把整个生命凝聚在此时此刻。

危机能激发我们竭尽全力。无视这种现象，我们往往会愚蠢地创造一种舒适的生活，努力设计各种越来越轻松的生活方式，使自己生活得风平浪静。

当然，我们不必坐等危机或悲剧的到来，从内心挑战自我才是我们生命力量的源泉。

你的空间有多大 Money&You

空间语录

在职场上,时间是公平的,但空间就不一样了,它不公平,会有偏爱,不是奋斗就能得到,但不努力是绝对得不到的。

发现自己的优点,了解自己最擅长的技能和领域,才是我们扬帆起航最持久、最有力的支撑。

明晰自己的个性,然后根据独特的自我去做合适的选择,而不是盲目地削足适履,硬性地强迫自我去"适应"一份工作。

鲜花和掌声从来不会光顾懒惰的人,非凡的成就往往是付出了比常人多数十倍的努力而换来的。

忠诚是职场生存稳步做大的护身符,没有忠诚不会得到上司的青睐,更不会被安排要职,步步高升。

每一天都应是一个新原点,每一次工作都应从零开始,每一个任务都应以一种崭新的心态去完成。

要想在事业上取得成就,最起码的前提就是你要对这项事业保持激情。

对自己越苛刻,生活对你越宽容;对自己越宽容,生活对你越苛刻。

一切就绪后,一定要学会脚踏实地、注重眼前的行动,要把整个生命凝聚在此时此刻。

第二章 为什么有的人空间越来越小

Money&You

抱怨和借口只会毁了你

抱怨失掉整个世界，不抱怨赢得人生

有的人习惯一遇到不顺心的事就抱怨。殊不知，抱怨是费心费力的无益劳动，不会让结果变好，只会让事情变得更糟。然而，有些人对此却乐此不疲。

李军和周维分别是某公司营销中心一部和二部的主管。年初的营销会议上，鉴于上一年公司营业额和利润大幅度下降，营销总监给他们的任务指标增加了一倍，以弥补去年的损失。

会后，李军和周维都感到压力重重。

李军回到办公室后大加抱怨："去年就够受的了，我们部门就十几个人，甩开膀子干才勉强完成任务，今年又给我们加码，我又不是神仙，这么高的任务指标我拿什么完成啊！公司对营销部门也太不公平了！"

周维抬头，笑了笑，安慰李军说："我也觉得压力蛮大。不过呢，如果我们能努力挑战这个高目标，说不定对咱俩还是一次磨炼呢！"

从此，李军动辄抱怨公司不公平，根本无心带领团队落实公司的新目标。而周维对公司的新政策从不抱怨，及时把新任务指标分解给部门的每一位员工，他先从提升自身的营销管理水平做起，大量搜集国内外成功的营销案例，每周都给下属做营销技巧培训，严格执行团队的目标管理。同时，他启发下属开动脑筋，集思广益，强化电话营销和公关洽谈的力度，积极开拓了好几条新渠道，挖掘出了很多大客户。

到了年底，公司做任务指标考核，李军的部门只完成了任务的40%，而周维的部门不仅完成了任务，还超额完成了10%。

于是，公司提拔周维做营销副总监，李军则因为没有通过经理岗位的绩效考核而被降职，调到了别的部门。

英国前首相丘吉尔曾说："能克服困难，则困难化作良机。"

李军和周维在面临同样销售压力的情况下，态度和行动截然不同。李军消极地抱怨，结果连任务指标的一半都没有完成；周维则积极地寻找解决方案，带领团队顺利地完成了销售任务。李军因抱怨而落后，周维则运用不抱怨的智慧提升了自我。

美国《心理学公报》发表的一项调查研究显示，人越快乐积极，在工作中出现失误的机会就越少，老板给予的评价也就越高。

面对压力，消极的人很容易就能找出借口抱怨，而具有积极心态的人则能够分析现状，看到事物好的方面，不抱怨，及时行动，努力找出解决方案。

消极是悲观者的荆棘丛，积极是乐观者的太阳鸟。

美国职业培训师保罗·斯托茨提出的"逆商"概念，是指人们面对逆境时的反应方式，即面对挫折、摆脱困境和超越困难的能力。根据逆商理论，经常抱怨的人，逆商较低，这类人面对逆境时很容易在心态上被击倒，而高逆商的职场人则能够调整心态，挑战自我潜能，战胜困境，在工作中就很容易获得成功。

要把注意力集中于你可以控制的过程中，而不是你不能控制的结果上面。不要不假思索地给事情贴上好或坏的标签，哪怕某些负面的事情，也要相信它们可能会产生正面的结果：

> - 平凡人都是在顺境中产生，而伟人都是在逆境中诞生。
> - 成功一定有方法，失败一定有原因。
> - 成功者不放弃，放弃者不成功。
> - 过去不等于未来。
> - 改变别人不如改变自己，再去影响别人。
> - 我是一切问题的根源，所有问题到我为止，我可以解决掉一切问题。
> - 任何事情的发生都有助于我。

要重新找回工作中的激情，你一定要停止抱怨。

当你发现自己正在抱怨别人时，要赶紧控制自己，"悬崖勒马"，将你的精力转到如何才能更好更快地改变局势上。

正确的态度不是怪罪别人，把责任推个一干二净，而是反问你自己："我可以多做点什么来防止这个问题出现？""我们可以从目前的情形中吸取什么经验教训？""我们如何才能摆脱困境，向前推进？"等等

无论遇到什么样棘手的事和难对付的人，我们都要保持积极向上的态度，做职场中的楷模。

抬起头，向前看，根据目前的情况来确定最佳的行动

路线。

优秀的人才从来不抱怨任何人,包括他自己。或者说,他根本不愿意把宝贵的精力浪费在没有意义的抱怨上,相反,他只会以实际行动来应对困难。

停止抱怨,就为你的发展争取到了一份空间。

让借口成为往事

"不要找借口,让借口成为往事",这已成为所有职场成功人士的共识。如果事事都找借口,那么最后牺牲的只有自己的前程。

借口已成为上班族的挡箭牌。团队工作进展不顺利是因为"我很难和他合作";完不成任务是因为"这个工作难度太大了";工作不负责任是因为"这件事跟我没关系";任务失败是因为"不是我不努力,是对手太强";效率低下是因为"我手头的事情实在太多,也没人帮一把";忘了参加会议是因为"事先没人告诉我"……

只要遇到问题,上班族就会想当然地找理由,找借口,推卸责任。

周日的晚上同学聚会,秦晋一时兴起,喝了不少酒,

头昏脑涨，一觉睡到第二天大天亮。

那可是传说中可怕的周一啊！

他疯了似的穿好衣服，嘴里念叨着："坏了，坏了！又睡过头了，非迟到不可！"草草洗漱完，他夺门而出。

当他冲到公司门口时，一抬腕看看表，晕，都9：40了，顿时捶胸顿足，一个劲地说"完了，坏了"。

此时正巧是周一的例会，秦晋刚走到门口，就听见老总在里面训话。

秦晋本打算从门口溜过去，到自己的办公桌前暂时避一避。可是，却被老总抓了个现形。老总叫住他，气呼呼地问："小秦，怎么又迟到了？每次都是你！"

秦晋尴尬地笑了笑，半天憋出一句话："唉！今天……怎么……噢……地铁……半路停运了，耽误了……半个多小时。"

老总没好气地说："不会是本·拉登跟你同一节车厢吧？"眼睛里透出的怒气恨不能把秦晋给吞了。

秦晋吐了吐舌头，蹑手蹑脚地坐到会议桌边上一个不显眼的角落，心里忐忑不安。

过了一会儿，秦晋从气喘吁吁的状态安定下来，心里庆幸躲过一劫。哪知正在此时，老总突然问他："小秦，把上半年的销售统计报表给我，我好向大家通报一下。"

这一问，差点没让秦晋跌到桌子底下，他不禁感叹：真是破屋偏遭连夜雨，太点背了！

他站起来，支吾半天，不知所云。

老总急了，厉声问："到底怎么了？"

秦晋急中生智，连忙找借口遮掩："啊，是这样，老总，不好意思，报表还差一点呢，我下午给您吧！"

老总怒不可遏："什么？！上周四就让你把上半年的销售情况做个统计，周一开例会的时候要用，你今天竟然这么说，岂有此理！工作就这么复杂吗？"

秦晋硬着头皮说："是这样的，老总。上周我制表的时候，有几个数据跟销售部的记录有些出入，我核对了半天，才把数据理顺了，这耽误了很多时间。周末我本来要加班做出来，可是电脑不争气，偏偏黑屏，送去修理了，到现在还没修好……"

老总一扬手："得了，得了！我不想听你解释，你看看你的借口，都是些什么！鸡毛蒜皮，乱七八糟！你赶紧去弄吧，中午给我！"

结果，到了中午，秦晋仍然拿不出报表来，因为他之前根本连动都没动过。

老总将秦晋叫到办公室，恶狠狠地说："小秦，我这里容不下你了，你还是找一家能够容忍你借口的公司吧!"

秦晋身子一软,好像虚脱了一般,都不知道自己是怎样走出老总办公室的。他万万没想到,经过这么多年摸爬滚打才取得的地位,竟然毁在了自己的借口上。

秦晋的例子告诉我们:借口可以毁掉你的职业生涯。

有时候借口也许可以帮你解决暂时的困难和压力,但最终必将损害你的职场空间。

当不想做什么的时候,找个借口,既可以解放自己,又不得罪对方;当做错了什么的时候,找个借口,既可以逃脱责任,又维护了自身形象。但记住,借口不可靠。

一旦养成找借口的习惯,遇事总给自己找借口,你的诚信度就会大打折扣。你不仅会被认为是个不靠谱、不值得信任的人,还会变得拖拖拉拉、缺乏效率和进取精神,就像案例中的秦晋一样。这样的人不可能成为好员工,也不可能有光明的职场前途。

借口从来就不是工作失职的"免责牌",它不仅让你原本怀有良知的心变得越来越麻木,而且会将你拖向失败的深渊。

美国的西点军校一直将"没有任何借口"奉为最重要的行为准则。它所体现的其实就是一种敬业精神,一种诚实的态度，一种完善的执行能力，而这些正是一个人迈向成功应该具备的基本素质。

没有任何借口，想尽办法去完成每一项任务，才能使你的职场空间越来越广阔。

你的空间有多大　Money&You

拖拉是一种恶习

令人无法忍受的"超级名磨"

先看一个调查问卷：

> • 从工作清单中挑最不重要的事情做；越重要的工作拖延得越久；越临近（截至期限）deadline，越想做其他事。(是or否)
>
> • 每次开工都要整点开始，一点，两点……却迟迟无法动手。(是or否)
>
> • 在决定静下心来做最重要的事时，还要先跑去冲杯咖啡，总是等待有"好心情"或"好时机"才会去做。(是or否)
>
> • 不容许别人占用或浪费自己的时间，而自己却不珍惜时间。(是or否)
>
> • 本来着手一项工作，一有什么欲望和想法，就抛下手中工作去干另一件事。(是or否)

你的空间有多大 Money&You

上面的问题，如果你有三道题以上选择了"是"，那么你就有"职场拖拉症"。久而久之，你就会成为职场的"超级名磨"。

拖拉是一颗毒瘤，慢慢侵蚀你健康的职场细胞，使你的免疫力降低为零，最终让你的肌体痛苦地死亡。

"毒瘤"、"死亡"，多么令人恐惧的词汇。可是，比起拖拉的恶习来，它们的形容还不够给力。

"职场拖拉症"患者最忌讳的词汇就是：时限。他们会问："为什么每件事都要设置一个时间呢？容我们慢慢做不行吗？"

可是，允许他们慢慢做的时候，他们往往做不出来，或者做得并不出色。

窦涛今年28岁，是一名机关公务员。他拥有不俗的谈吐、优雅的举止，给人一种精明干练的感觉，是让人一见就能打起精神的那类人。

可是，最近他向好友吴婷婷道出了苦水。

他说："婷婷，你说怎么好，我在单位快撑不下去了，所有人都烦我，我成了孤家寡人。"

婷婷就问他是怎么回事。

他说："还不是工作上的事。不是我不想提前把事情做完,也不是我没有能力去完成。没有压力就没有动力,到了不得不完成的时候,拖了几天的事情,一两个小时就做完了。但在交差后,又发觉还有许多需要完善的地方,如果再给我时间,我一定能够做好,可是真给了时间,又总是拖!"

窦涛倾诉时,脸上露出了连自己都厌恶的神情。

婷婷问他:"既然你也厌恶自己的拖延恶习,为什么不改呢?有错能改,善莫大焉!改好了,你的工作环境自然就改善了。"

窦涛很无奈地说:"我也想改,但事到临头,就不自觉地……"

窦涛这种情况属于典型的"职场拖拉症"。

拖拉者在动手做事前总会劝说自己:"事情不是很重要,没关系,放在明天做会更好。"但是到了第二天,他们也会像前一天一样,打不起精神来,找不到足够的动力支持。

拖拉者的另一条欺骗自己的谎言是:寄希望于时限,认为事到临头,必有出路,甚至迷信于在时间的压力下,工作的激情和质量都会大大提高。

可事实上，这只是他们一相情愿的想法而已，最后一分钟完成的工作，质量通常不佳。

况且拖拉不只是精力和时间的大量耗费，还危及他们的健康，因为拖拉会带来很大的精神压力。

调查显示，拖拉情况严重的人，通常喜欢饮酒、吸烟，并患有失眠症，肠胃也不好，且常常感冒发烧，免疫力衰弱。当身体状况不佳时，他们还会拖延去医院就诊的时间，造成更大的伤害。

因此，拖拉对上班族来讲，有百害而无一利。

下面是给拖拉者的几条忠告：

- 积极主动地面对工作。

对工作抱有积极正面的心态，才能克服心底那些恐惧和犹豫。

- 立刻动手，不要给自己借口。

立刻去做，不要考虑太多，不要给借口可乘之机。

- 有始有终，切忌行百里而半九十。

做事善始善终才会有结果，如果对每一个目标都半途而废，是没有任何成绩的。

- 创意和行动相结合。

创意本身不带来成功，但是，它一旦和行动结合起来，将会使我们的工作变得卓有成效。

● 不可无限期地准备下去。

不要等到万事俱备以后才去做，永远没有绝对完美的事。为将来可能的困难作好预期，一旦发生，就立刻解决。永远都没有万事俱备的时候，这种完美的想法只是一种幻想。

● 用行动来克服恐惧，同时增强你的自信。

爱默生说："永远做你害怕的事！"怕什么就去做什么，你的恐惧自然就会消失。

不要让今天的事情"过夜"

拒绝拖拉，就是今日事今日毕。

工作要有条不紊、有计划、有策略地完成。

● 列出立即可以做的事情。

你可以在每天早上工作开始之前就完成这项步骤，通常从最简单和用时最少的事情开始。

● 切割你的工作任务。

把工作分割成几个小部分，分别详细地列在纸上，然后把每一个部分再分成几个步骤，今天的事不要拖到明天。

明天还有明天的事。把今天交给明天的人，一辈子也不会成功。

要做一个优秀的员工，就要养成今日事今日毕的习惯。

蓝蓝是杂志社的编辑，每次领导分给她重要的选题，都会触动她的神经。"那么棒的选题，自然要做得出彩。"蓝蓝想。

蓝蓝是处女座，凡事要求尽善尽美，所以从任务下达到deadline，蓝蓝一直在寻找最合适的写稿时间，但结果却是一拖再拖。

事实证明，拖拉有一些职业上的差异。比如记者、文字工作者更容易拖拉，而完美主义者也是"不拖不舒服"的高发人群。他们的共同心声往往是"多给我一些时间，我可以做得更好"。

他们在为自己的拖拉制造一种假象——"时间紧迫往往逼得我文思泉涌"。想着编辑们都在等她的封面文章，她会分秒必争地写稿，一口气写完5000字才作罢，一篇稿子就会在最短的时间内新鲜出炉。

蓝蓝认为："比起每次强打精神，定时定点地督促自己完成任务，临界点的工作效率更高。"

可是，残酷的事实却是她往往不能按时交稿，因此搞得自己在编辑圈里的名声越来越坏。

这就是拖拉的代价。

世界上的人分为三种,第一种人制定了计划就能按计划去做;第二种人是爱制定计划却没有耐心执行;第三种人知道自己没有执行力,所以也就不再制定计划。

而我们大部分人都在deadline边缘垂死挣扎。有些人曾因失误而咬紧嘴唇暗下决心:一定要改掉陋习。可在下一个任务来临前,又会自我安慰式地一拖再拖。

拖拉,已成为职场工作激情的惯性杀手。

摆脱拖拉的困扰,唯一可做的就是今日事今日毕,今天要做什么事,立即去做。

"立即去做",这本身就是一个良好的开端,它会带动我们更容易地去做更多的事情。当然,为了更好地去做,我们可以分割目标,设定期限,并且及时检查督促自己的进展。

疲劳往往是习惯于拖拉的人放弃工作或者拖延工作的借口之一,而事实情况是,没有什么比无休止的拖拉更加令人感到疲劳。

能拖就拖的人心情总不愉快,总会觉得疲乏。因为应做而未做的工作不断给他压迫感。"若无闲事挂心头,便是人间好时节",拖拉者心头不空,因而常传感尝到时间压力。

拖拉并不能够省下时间和精力,刚好相反,它使你心力交瘁,疲于奔命,不仅于事无补,反而白白地浪费了宝贵的时间。

既然对身心都不益,努力奋斗着的上班族,为什么不戒掉它,以迎接更广阔、更有前景的职场空间呢?

浮躁是迷失方向的罪魁祸首

外面的世界不一定精彩

张嘉最近又换了一份新工作,在一家刚刚成立、尚无名气、人员不超过5个人的DM直投杂志做编辑。

对于他的选择,很多人并不看好,而他自己却充满信心,并且信誓旦旦地表示,不到一年时间,他们就会成为业内屈指可数的顶尖直投杂志,垄断整个北京市场。而届时作为公司元老的他,其职业含金量自然不可限量。

朋友们不记得这是第几次听他说相同的话了,只知道这是他毕业三年来的第11份工作。工作、居住的地点也从北京的CBD到回龙观不停地换,几乎在半个北京城的地图上画了一个圈。

记得刚毕业的时候,张嘉在京城一家有名的报社任职,主要采访法制和社会新闻。尽管当记者很辛苦,但是不菲的薪酬和庞大的人脉网,也曾令他十分满足,并且干

你的空间有多大　Money&You

得有滋有味。

但是工作不到一年,他就产生了厌倦感,认为这不是他施展抱负、实现自我价值的地方,并苦于自己有一番高见而不能付诸实践。

于是,在一次与主编激烈争吵后,他毅然辞职,离开了那家报社。

此后两年多,他的人生充满了戏剧性。短短700多天,他换了10份工作,做过杂志编辑、售楼先生、品牌策划师等,涉足多个领域。但是没有一家单位能让他躁动的心停留下来,并且相邻工作的间隔时间越来越短,直到最后一份工作,上班不到半天就辞职走人。

对于张嘉的问题,其实很多职场人都有,我们姑且称之为浮躁病。

患有浮躁病的人,心情时而低迷、时而亢奋,时而烦躁、时而焦虑;心中总会充满憧憬,时常这山望着那山高,总觉得下一个路口的风景会更精彩。

这种人在工作中敷衍了事,缺少耐性,没有踏踏实实的苦干精神,却存在侥幸成功的奢求。对于工作采取能拖则拖、能糊弄则糊弄的态度。面对挫折时不是迎身向前,而是为自己的逃避找理由;身在曹营心在汉,没工作几天就想着跳槽。对待上级和同事缺乏必要的真诚和尊重,明明有十分劲,却只出半分力,缺乏集体归属感,更别谈配合默契的团队协作精神了。

浮躁,成了悬在职场人头上的一把达摩克利斯之剑,时刻威胁着他们的职场生命。

那么,为什么职场人会染上浮躁病呢?

初入职场的人大多刚从学校毕业,对未来充满期待,但进入公司后却发现与自己的期望值相差甚远。于是想着,也许外边的世界会更精彩,于是很快跳槽。而另外一家单位情况基本相似,于是又另谋高就。

如此这般几次,他们总是带着理想来,背着失望走,好不容易最后稳定下来,却发现很多同学混得都不错,而自己却还在苦苦挣扎。于是拼命追赶,却无奈于短期内难见成效,因此心态更加浮躁,最终还是一走了之,去寻找下一个目标。周而复始,除了心态越来越浮躁外,他们什么也没得到。

面对随时存在的诱惑和竞争激烈的社会,面对周边比自己强的人,大多数人把持不住内心的冲动和羡慕,以及难以名状的恐慌和自卑,于是任由自己游走在幻想和艳羡,甚至是悲哀的悬崖边缘。

而某些人进取心、事业心太强,急于出人头地、一夜

你的空间有多大　Money&You

成名，也是导致浮躁出现的主要原因。同时自信心极度膨胀，过高估计自己的能力，也让他们少了一份脚踏实地的精神，而助长了身如浮萍、心如荒草的躁动。

浮躁成了上班族职场发展的最大障碍，也成为导致职场空间萎缩的罪魁祸首。很多人甚至因此一蹶不振，走上了一条相反的人生道路。

吴伟2005年毕业于武汉一所著名的大学。在学校学习时，凭借出众的天分和勤奋的精神，他大学四年，年年都得奖学金。几乎所有的任课老师都认为，这个孩子将来的前途不可限量。

毕业后吴伟被武汉一家著名的企业招聘为研发部技术人员。这家公司主要研制光纤产品，在国内市场具有较大的影响力。按照正常的发展逻辑，不出意外的话，资质聪颖并且勤奋的吴伟，会一步一步往上走，逐步扩充自己的空间。但是，事情往往会让人大感意外。

工作一年后的一天，吴伟的高中同学来武汉找他。酒足饭饱后，聊起了今后的打算。吴伟的同学说道："每天上班拿工资一辈子顶多混个温饱，要想发财还得自己做点事情。"工作一年已经进入职业厌倦期的吴伟深有同感。"你有什么好项目吗？"吴伟问道。

第二章 为什么有的人空间越来越小

"现在正好有个机会。我祖上是酿酒的,留下了一些酿酒的秘方。只要我们开发出来并量产,肯定会大有发展。"

听了同学的介绍,吴伟立即觉得这是一个千载难逢的机会。于是两人又聊了许久,最后吴伟动心了,一周后,他辞去了令人羡慕的高薪工作,与同学一起回到老家,开始筹划酒厂的事情。

没有资金,吴伟和同学就从身边人开始,几乎向认识的人借遍了钱。父母也拿出自己养老的钱支持他们创业。东拼西凑,两个人凑了100万元现金。有了钱,厂房很快立了起来,工人也招聘完毕,酒厂的发展开始正常运转。当第一瓶被命名为"老河口"的白酒封盖时,吴伟仿佛看到了滚滚而来的人民币。

但是事情并不像他们想象的那么简单。由于他们并不懂酒,也没做过深入的市场调研,同学所谓祖上的秘方只是普通的酿酒工艺,在当下并不具备较强的竞争力。打入市场后,销售渠道的构建麻烦重重,很多商场、超市并不买账。为了打开局面,吴伟采取垫付资金、先销售后结账的销售战略,供给超市销售。但是由于品牌知名度很低并且口味并不出众,因此,他们的酒一个月也卖不出几瓶,资金链很快出现了巨大的压力。

但此时吴伟并不死心,他又托人向银行贷款50万元,接着铤而走险,将销售渠道铺向乡村小卖部,期望以农村包围城市的路线打开销售困局。但是由于乡村小卖部缺乏现代管理和诚信,欠款追缴又成为难中之难,大量货款成为呆账,甚至是死账。

没有资金,市场又打不开,仅仅运作一年的酒厂走进了死胡同。吴伟放弃高薪,幻想一夜暴富,却没想到,到头来不仅工作丢了,反而欠下巨额债务。

都是因为一念之差,任凭心中浮躁之草疯长,才导致吴伟走向歧途,从此一蹶不振。

斩断浮躁之根

心中种下浮躁之根,便会被外界虚幻的外表蒙蔽了双眼,丧失客观准确的辨别力,丢弃踏实向前的信念,其患无穷。

因此,我们必须斩断浮躁之根,回归心灵的平静。只有这样,我们才能走得更远,活得更踏实,更实在地享受我们的人生。

很多人会有这种经历:当人生进入某个阶段的时候,会突然感觉进入了没有灯光的胡同,无法辨别自己前进的方向，内心充满恐慌和烦躁。

曾经青春飞扬的"80后"们，现在都走到了人生三十的阶段。

孔子说"三十而立"，但是以现在的社会条件来看，三十而立只不过更多变成了众人身上的枷锁。

于是，很多人出现了莫名的烦躁症状，对未来也缺乏信心。在混乱中，仓促地选择了一种新的生活方向，然后盲目地努力。

很多人由于并没有认真思考过这种生活是否适合他们，也没有考虑过实现目标的可行性，最后才发现这种生活并不适合自己，然后重新陷入了灰心、自卑、烦躁的怪圈。

频繁地跳槽，心不在焉地工作，为自己不断地设定多种人生道路，很多人也在不知不觉中与原本健康向上的道路渐行渐远。

不折腾，好好活。不盲目自大，也不妄自菲薄，斩断浮躁之根，用踏踏实实的脚步丈量人生的长度。这才是健康的生活态度。

那么，如何才能斩断浮躁之根呢？

首先，要明白自己想要什么。

其实很多浮躁的人看似一味地努力向前，实际上却并不真正知道自己想要什么，只是不断地冲刺。当你明白自己想要什么的时候，才会知道该怎么去做。

因此，要静下心来想想自己的过去和未来，梳理一下自己曾经的理想和抱负，看看自己究竟想过一种什么样的生活。

其次，客观评价自己的能力和价值。

浮躁的人大多无法客观看清自己身上的优点和缺点，而是经常夸张地描绘自己的能力，扩大种种可能性，从而导致心中不安分因子的膨胀。

不要经常做心比天高的幻想，因为很多时候命比纸薄。静下心来对自己做一个全面的体检，看看自己究竟有几斤几两，这对于在事物面前保持清醒的头脑至关重要。

再次，要时刻保持好心态。

患有浮躁病的人内心一定经常处于焦虑不安状态，随着外界环境的改变有时自信、有时自卑。此时可以多读读书，看看历史上成功的人是怎样去实现梦想的；可以多听听音乐，安抚一下自己的心灵；还可以练练书法、瑜伽等，尽量避免心理情绪出现过大的波动。

最后，还要有耐力。

为什么我们会轻易地决定一件事却又草率地放弃一件事呢？

其主要是因为我们现在做事为人越来越缺少耐心。对于很多事情都是浅尝辄止，遇到困难就想办法逃避，久而久之，内心仅存的耐力也就被消磨殆尽。

因此，要有持之以恒的精神，打磨自己承受压力的耐性，把一件事情做好并有始有终。

你的空间有多大 Money&You

斤斤计较成不了大器

斤斤计较为哪般

职场中有很多人喜欢斤斤计较,无论是对待工作还是对待同事,什么事情都要争个高下,一分钱也要算得清清楚楚。也许是性格使然,也许是环境所致,但不管什么原因,斤斤计较是职场上非常不好的习惯。

我们经常会看到,一些职场人士在求职时都有一种急功近利的心态,恨不得狮子大开口,一步到位吃饱,所以在面试的时候拼命与主考官讨价还价,从工资税前多少、扣税多少,到保险究竟能上几种,甚至是为了几十块钱的交通补助也喋喋不休。一副"我就值这么多钱,你爱要不要"的牛劲,给面试考官留下了斤斤计较的不好印象。

斤斤计较的人大多性格执拗,过于看重对事情本质的探寻和对于所谓原则的坚持,这让他们经常纠结于谁对谁错的窠臼里不能自拔。对于一些本无关是非的事情也非要弄个清楚,一争高下。

斤斤计较的人对人对事总会提出一些苛刻的要求，以自己所谓的道德标准来要求别人，而自己却很少站在对方的角度考虑问题。在工作时往往与上司和同事就某一个小问题的孰是孰非产生争执，甚至不依不饶，给人以斤斤计较的印象。

记住，成大事者不拘小节！一个人如果遇事斤斤计较，那么很快就会丧失上司和同事的好感。

有些人斤斤计较，常常则表现在对物质利益的过分看重上。

很多人在与同事的交往中，总是"利"字当头，遇事自己不能吃亏，只能占便宜。比如有时候和同事一起出去吃饭，哪怕是一分钱也要算清楚。同事请他吃饭可以，如果轮到自己该请别人吃饭的时候，不是推脱就是按照同事请他时的标准回请。

久而久之，就会使得同事对这个人的印象大打折扣，逐渐疏远。

当斤斤计较变成一种习惯时，就成了为利益而利益、为计较而计较，会使人变得心胸狭隘，自私自利，任何事情首先考虑到的都是自己的一己私利，所有事情都要精于算计。

你的空间有多大　Money&You

一旦形成斤斤计较的习惯，不但会影响与公司和同事的关系，而且会扼杀你的创造力和责任心。

刘波毕业时选择了一家国内著名的手机公司，从事市场销售工作。

这家公司以复制改进当下先进技术为特点，由于其手机产品设计新颖，功能齐全，价格较为低廉，因此在不到几年的时间里迅速打开了国内市场。

刘波进入公司时，这家公司正处于事业的上升期，急需开拓华南市场。

在面试时，销售总监认为刘波机智灵敏、能说会道，并且有着在名牌大学主攻市场营销管理的背景，在公司急需扩张储备人才之际，总监十分看好刘波，并且有意加强培养。

鉴于刘波当时刚大学毕业，缺少实际的工作经验，当时公司开出的工资是每月税前底薪1200元，绩效工资按照业绩的8%计算。

这样的工资标准在业内不算高，但是对于刚毕业的大学生来说，也不算很低。急需在北京立足的刘波，尽管当时对薪酬待遇并不满意，但是综合衡量后，还是接受了公司开出的价码。

第二章 为什么有的人空间越来越小

在第五个月的时候,刘波与同组的其他同事协作签下了一单国企礼品订购的单子。这家国企订购价值1500元的手机200部,这一下就是30万元。

按照业绩提成百分比计算,这笔生意一共可得提成2.4万元。由于是刘波与两个同事一起谈判促成的合作。因此,这2.4万元需要他们三个人分割。由于三个人属于一个执行团队,并且无上下级隶属关系,因此公司干脆三下五除二,一人8000元,不偏不倚,也落个轻省。

但是此举却触怒了刘波。他认为在签下这笔单子的过程中,他出力最大,想点子最多,理应分得更多的提成。而公司竟然无视他的价值,少分给他提成,真是太过分了。刘波越想越生气,于是找到直接上级部门经理,将自己的不满一股脑地倾泻出来。

部门经理等刘波倒完苦水,哈哈一笑,拍了拍刘波的肩膀说:"哥们儿,这点小钱不要放在眼里,赚大钱的机会还在后头。都是一个槽里吃饭的同事,事情也是大家一起干的,何必那么计较呢?好了,忙你的去吧!"见经理不替自己申冤,刘波一整天都闷闷不乐。

第二天一早,他来到总监办公室,又将自己的不满说了一遍。听完刘波的申诉,本来笑容可掬的总监脸上布满了阴云,眼里射出凌厉的光,但随后又恢复了平静。"我知道了,这件事情我会处理的,你先回去上班吧!"

刘波悻悻地回到了自己的工位。处理结果很快下来了,刘波又多得了1000元提成。拿到提成,刘波心里别提多高兴了。"这是我应得的。"他说道。

公司在华南的分公司马上就要成立了,总部开始遴选去华南的业务骨干。刘波自信自己能够入选,因为他的业绩在公司里有目共睹。

但是当总监宣布入选名单时,刘波却意外落选了。听到结果,刘波十分沮丧。华南市场那边的待遇比总部要高不少。本以为可以到华南市场去干一番事业,现在看来是没戏了。

小心眼的刘波于是认定公司忽略了他的价值。以后在工作中也不用心了,业绩直线下降。没多久,在末位淘汰的竞争中刘波被踢出局。

当他收拾东西准备离开时,部门经理走到他身边:"知道为什么没让你去华南分公司吗?因为总监认为,一个对一点儿小钱就咬住不放、斤斤计较的人,不会有太大的出息,并且容易在利益面前栽跟头。因此,将本来属于你的部门经理位置让给了别人。哥们儿,以后的路还长,记住,做人不能太计较。"

"钱途"是小，前途是大

郑板桥的一句"难得糊涂"，道出了人世间的大智慧，也折射出了为人处世的不易。

在职场打拼的人，不要太计较一时得失，更不能斤斤计较。得与失本身就是一个抽象的辩证关系，所谓有得就有失，有失也必有所得。当你认为得到时，在别人眼里却有可能是失去；而当你觉得多付出是自己吃亏的时候，可能的结果却是"得"。

职场中有很多人因为企业或单位开出的工资与自己所想小有差距而放弃了很好的就业机会。其实，坚持自己的身价本无可厚非，关键在于你的预期与对方开出价码的差距究竟是怎样的。如果这个公司对你的职业上升有很大帮助，而差距又不是很大的话，为什么不暂时牺牲一下眼前的蝇头小利而争取获得更大利益的机会？

职场中往往"钱途"与前途紧密关联，甚至前途比"钱途"更为重要，因为有了前途，"钱途"自然就会变得一片光明。

一个人如果陷入只是计算自己眼前到底能赚多少钱的怪圈，而看不到工资背后所能提供的职业成长空间，势必会造成自己的短视，而忽略甚至丢失从工作中获得技能和经验以求得到提升的机会。

而一个人如果不抱着混日子的态度，全身心地投入工作，不计较眼前的一点蝇头小利，即使现在的薪水不多，未来也一定会有更多收获。注重现实利益是人的本性，并不是错误，错误的是过于短视，斤斤计较，而忽略了对自己职业生涯的长期规划和个人能力的培养，在现实利益和未来价值之间没有找到恰当的平衡点。

朱永在一家4A公司从事产品推广策划工作。策划部共有4名同事，其中一名是部门经理。策划部经常会有大客户的产品推广需要提供策划案，有时候案子过重，就需要他们三个人一同合作完成整体策划。

朱永是一个非常精明的人，每次都拣不用花费太多心思、不会耗费太多时间和精力的部分下手。而如果哪回他被安排的任务稍重，他就会大为不满，跑去和经理讨价还价。

对此，其他两名同事和经理颇有腹非，他们的关系也十分紧张。久而久之，大家再分配工作时，往往把那些鸡肋环节交给朱永去做，而出彩的地方则由自己完成。

一次，凭借出色的策划案，公司拿下了一家国外著名电气公司的案子。老板在表彰总结会上兴致勃勃，一再感谢立了大功的策划部，并擢升策划部经理出任公司的副总。

　　这样，策划部经理的职位就出现了空缺。老板决定在剩下的三个人中选择一名部门经理。为了实地了解，老板对文案中出色的部分一一进行了询问并落实到人。可是问来问去，凡是出彩的地方都没有朱永的份儿。

　　于是，老板经过整体思量，从其余两人中选择了一名更为优秀的，出任策划部经理。而在之后的工作中，朱永还是一如既往地做着可有可无的环节，最后终于在出现了一次小事故后，被部门经理开除了。

　　可见，斤斤计较不仅没了面子，还丢了饭碗。当你为眼前的锱铢利益而绞尽脑汁的时候，你光明的未来正在向你挥手告别。

你的空间有多大 Money&You

华而不实总会被人看透

务实是商业社会越来越推崇的方式。职场中不乏智慧过人和行动果敢的人才，但是有些人却流于表面，做事如蜻蜓点水一般，从不深入到事情的本质中去，面子工程做得很足，而内在品质却不敢苟同。其实，说话华而不实、大而无当的人在职场上是没有前途的，就好比那句古话"绣花枕头中看不中用"。

我们评价一个不靠谱的人，往往说他"光说不练假把式"。这样的人嘴上说得天花乱坠，实则狗屁不通，实干更是废物一个。老板们眼光如炬，洞察一切，光说不练的人势必难逃法眼，不可挽回地遭遇出局。

职场是残酷的角斗场，说话办事都讲真本领。话不妨说得难听些，但事情却不可不做得漂亮。相反，说漂亮话，办事不力，则只有死路一条。

河流的上游上马了一座大型水库，给森林实业的观光业务带来很多负面影响，公司收入锐减，损失巨大。为此,张董非常焦急。

为了挽回颓势,张董召开了中层领导以上级别会议,广泛征求意见。

会上,负责公司公关的主管杨菲菲女士,站起来侃侃而谈:"各位同仁,事情非常紧急,片刻不容拖延!我们都看到了,我们上游的水被控制了。水库就像一道绳索,悬在我们每一个人的头上。我们不能听任事情这样发展下去,谁要是打了遏制我们森林实业发展的坏主意,我们不会放过他!"

听了杨菲菲的话,人人都斗志昂扬,仿佛要打一场仗似的。

这时,张董说:"杨菲菲女士,你说得这么热烈,心中一定有成熟的对策了?"

杨菲菲想都没想:"那当然,董事长阁下。我准备带我的团队到上游去,游说那些目光短浅的建设者,让他们明白,若是放弃工程,双方不失友好。否则,灾难必然降临到他们的头上!请广大同仁放心,我们公关部出马,还没有做不成的事情!"

大家仿佛看到了希望之光,纷纷鼓掌。

会后,张董把杨菲菲叫到办公室,问道:"杨菲菲女士,你真有那么大的把握吗?"

杨菲菲相当自信："放心吧，张董。您就等候我们凯旋的消息吧。"

可是，等到了上游，情况却并非杨菲菲想象的那样。负责水库建设的李浪鸣先生是个厉害角色，不仅资金充足，而且很有背景，高傲的杨菲菲想尽办法也无法说服李先生放弃水库建设，不仅如此，双方的关系因此搞得更加僵化。

张董得知这些情况，不得不亲自跑到上游，直接与李浪鸣谈判。

李浪鸣告诉他："张董，水库的事好商量，我也不想两败俱伤，可是您的特使杨菲菲女士实在无法胜任谈判职责。她谈吐优雅，却毫无用处；态度高傲，却无丝毫诚心。此等嘴上功夫，实在是谈判中所忌讳的。"

张董点点头。待事情解决后，张董回到森林实业，便把杨菲菲降级了。

成功的企业领袖都是实用主义者，他们不是理想派，不会为你的口吐莲花而感动、振奋，他们要的是实际效果，即你的办事效率、成果如何。说到底，实干才是第一位的，有效才是检验职场行为的唯一标准。

有些上班族上了若干年班还是不懂这些道理，以至于半头白发，一事无成。他们错就错在根本不了解老板的需求。老板讲究实际利益，而非口头愿景，更不喜欢花言巧语，溜须拍马。因为老板们知道，这些言语花哨、蛊惑人心的员工是职场的害群之马，他们本身不能建功立业，还会妨害别人有所作为。这类人除了被清除，难道还有别的更好出路吗？

你的空间有多大 Money&You

空间语录

人越快乐积极,在工作中出现失误的机会就越少,老板给予的评价也就越高。

正确的态度不是怪罪别人,把责任推个一干二净,而是要自我反思。

借口从来就不是工作失职的"免责牌",它不仅让你原本怀有良知的心变得越来越麻木,而且会将你拖向失败的深渊。

要做一个优秀员工,就要养成今日事今日毕的习惯。

不盲目自大,也不妄自菲薄,斩断浮躁之根,用踏踏实实的脚步丈量人生的长度。

静下心来想想自己的过去和未来,梳理一下自己曾经的理想和抱负,看看自己究竟想过什么样的生活。

记住,成大事者不拘小节!一个人如果遇事斤斤计较,那么很快就会丧失上司和同事的好感。

说到底,实干才是第一位的,有效才是检验职场行为的唯一标准。

第三章 新空间在哪里

Money&You

在人脉中发现新空间

贵人多"旺"事

在生活及职场中,一个人的力量终究有限,要想取得非凡的成就,仅靠个人微薄的力量是不足以支撑起整片天空的。

现在做什么事情都要讲究人际关系,一个人的成功就是人际关系的成功,人际关系也被冠以"人脉",而得到了前所未有的重视。

在传统的儒家经典中,主张穷则独善其身,达则兼济天下。即如果你处于贫穷的状态中,你就要做好你自己,完善自己的人格修养;如果你富有了,你就应该接济天下的穷人。

这样的观点现在看来恐怕不可取。贫穷的人要改变贫穷的状态,变得富有起来,独善其身怎么能行呢?

打造自己的人脉,是一个人取得成功的关键,因为你不知道自己的人脉之中，谁会成为你生命中的"贵人"。

成功的道路上离不开"贵人"的帮助，人脉资源越丰富，贵人出现的概率也就会越大，可以借助的力量也就越雄厚。

有时候，来自于四面八方的压力让你在困境中挣扎，也许贵人的些许援助就会使你脱离困境，重返坦途，前景一片大好。

贵人在生命中的出现，是成功道路上的一大转机，一切从困厄到顺利的转变，都将随着贵人的出现而发生。凭借贵人的帮助，事业才会拨云见日、步步高升。

平时积累下的人脉，也会因贵人的出现而彰显出它的重要性。

因为世界上有些事情不是个人打拼就能达到或完成的，贵人的力量不可或缺。

有时候，某人的一句话令你茅塞顿开，这个人就是你的"贵人"；

有时候，某人的举手之劳帮你卸掉了重负，让你轻装上阵，信心百倍，这个人就是你的"贵人"；

有时候，某个人不经意间的一个提示，让你豁然开朗，有如神助，这个人就是你的"贵人"。

第三章 新空间在哪里

小张是中文系毕业的才子,性格热情大方,文笔非常好。毕业后,他进入一家报社工作。工作之余,他发挥自己的爱好,时常在其他报刊上发表诗歌、散文,为报社争得了不少荣誉。

一晃三年过去了,报社要给工作刚满三年的年轻人评定职称,结果小张和另外两个年轻人入选在职称评定的范围内。小张生性淡泊,他一寻思,另外两个人的父母不是市里的高官,就是有背景的富商,便断定自己没多少希望,也就没把评定职称这件事放在心上,像往常一样写自己的诗歌,发表自己的文章。

而另外两个年轻人多方面活动,上下疏通,着实费了不少的力气。过了两个月,评选活动结束,另外两个年轻人果然获得了高度的肯定,材料被送到社长那里做最后的评定。小张一看,心中虽不甚在意,可也不时感叹世道的不公正。

一个星期以后,社长做了最后的评定,结果大大出乎人们的意料,小张获得了社长的充分肯定,在职称评定获得了晋升。

原来,社长在其他的媒体上时常看到小张的作品。通过作品,他看得出小张是一个工作积极、为人热心、能力突出的有为青年,于是便把职称晋升的机会给了小张,没有顾及另外两个年轻人的人脉影响。

社长的决定着实让原本不抱希望的小张惊喜了一把。

可见"贵人"的力量是十分强大的。它可以撇开世俗的障碍，以一种超凡脱俗的胸怀帮助你达到原本不容易企及的事业高峰。

如果没有社长这个贵人的话，小张怎么可能压倒有着权力和金钱背景的另外两个年轻人呢？

所以，在你精心打造的人脉之中，要寻找能帮助你的贵人。

不要小觑人脉的力量，而认为那没什么了不起，个人的成就都是自己的努力奋斗得来的，那样的话就大错特错了。纵观古往今来成就大事者，没有一个不是得到了贵人的帮助的。想一想如果刘邦不是得到了吕后父亲的欣赏，能在日后大展宏图吗？

要想有所成就，必须借助贵人的帮助，作为个体的自我在打造自己的人脉时，一定要留心可能成为自己贵人的那个人。他们的特征也许很不明显，但不要因为此就忽视了贵人的存在。

生命中会有很多贵人出现，有的能帮助你解决那个疑难，有的能帮助你化解这个困境，只有全都把握好了，全都借上劲了，你的事业才会有转机，有提升。

经营好你的人脉

在人走向成功的路途中，有很多因素会影响你的行程，但人际关系无疑是最重要的。在现代化的生活中，交通和资讯的发达，使得人与人之间的关系也变得复杂起来。

以前是"各人自扫门前雪，休管他人瓦上霜"。现在不行了，离开了大众，离开了社会，不与别人交流沟通，根本无从发展。人与人之间的关系是相互依存的，你中有我，我中有你。商业社会的组织结构决定了人和人之间只有合作和谐，才能共同进步，取得双赢的结果。

于是，有识之士纷纷预言，要在未来的社会中取得成功，必须打造自己的"黄金人脉"。

人脉，顾名思义，就是说人际关系的重要性堪比人体的脉络，脉络是为身体各个器官输送血液的管道，没有脉络，肌体就会死亡，生命就不复存在了。

人的肌体就仿佛是想要取得的成功，而人际关系就是维持血液畅通、保持肌体鲜活充满生机的脉络。只有保证脉络通畅不淤塞，才能保证肌体的健康和强壮。

"人脉"的概念一经提出，便获得了社会各个阶层的认可，认为人脉涵盖了人生各种各样的成功因素。

人脉是成功的必要前提，犹如一个蕴藏丰富的宝藏，只要发掘，就能不断地汲取力量，在奋斗的路上走出坚实的一步。

要想成功，就要悉心经营自己的人脉。若是忽视了这条重要的黄金法则，就会与成功背道而驰，越行越远。

有的人想独善其身，认为事业的成功都是自己打拼的结果，是否成功，最终的决定力量还是在于自我。可是他不懂得"独木难成林，一滴水聚不成海洋"的道理，做事时，自己的努力很重要，但是离开了别人的帮助，就会遇到意想不到的困难。

一个人爬山，如果已经达到自己的极限了，身上就再也没有一点儿力气。这时候别人伸出援助之手，拉你一把，你就能省下力气为将来做准备；如果没人管你，你尽管挣扎，即使有攀登顶峰的雄心壮志，很多时候也只是心有余而力不足。

在职场上，更要注意人脉的打造和维护。

职场上的每一次晋升，都要不断地积累人脉，人脉的基础不夯实，自己未来的晋升和发展就会深受影响。

看那些职场竞争的胜利者，无一不是深厚的人脉给予了他们最有力的支持。没有人脉的要打造，有了人脉的要维护。维护人脉其实不难，事情轻闲的时候，坐下来聊聊天；到节日的时候，送上温馨的小礼物；当别人遭遇挫折的时候，给予及时的安慰和问候……

小周和小杨同时进入一家网络公司上班。公司规模不大，但部门齐全，各部门的人员彼此之间联系很紧密，平时需要不断地相互交流和沟通。

小周是个很内向的人，平时不怎么爱说话，只顾低头做好本职的工作，下班以后就回到自己的家中，沉浸在自己的兴趣当中。

小杨却很开朗，喜欢和人交朋友，工作之余常与其他部门的同事聊聊天、看看电影，还经常为上了年纪的同事沏茶、买早点，下班后也不忙着回家，而是帮助别人整理公司的内部事务。久而久之，公司的同事都愿意和他交朋友，有什么事情也都爱跟他倾诉。小杨在公司里成了很受欢迎的人。

年终的时候，公司要评选年度优秀青年骨干，小杨以最高票数当选，因为同事们都喜欢他，他也很用心地经营着自己的人脉，所以他不仅获得了这个称号，还获得了一笔不菲的奖励。

而小周的票数寥寥可数。他平时不怎么和同事沟通，也不和同事交朋友，同事很少了解他，因此也没有人票投给他。

后来，小杨深受老板的器重而不断升迁，而小周依然如故，不仅没有升迁，还面临着被解雇的危险。

事情再简单不过了，如果你用心经营人脉，就会收获人脉带给你的回报。

在企业中，同事之间充满了竞争，要想在竞争中脱颖而出，必须打造牢固的人脉网络。这不是教给你权谋诈术，而是教给你正正当当地走向成功的方法。

有时候自己的力量很微弱，但是人脉凝聚的力量却很强大，"众人划桨开大船，众人拾柴火焰高"，话虽粗浅，但道理是很深刻的。

好好打理自己的人际关系，就是认真地筹划自己的人生。

人生有很多阶段，就好似登山要迈过无数的阶梯，每个阶段都需要不同的策略，但是每个策略都不能缺少相应的人际关系。

怎样才能更好地打理自己的人际关系呢？用心，精心，细心，"三心"齐，泰山移，具备了"三心"，你的人际关系一定能够打造得既坚实又持久。等到了人生的关键时刻，你多年营造的人脉就会给你带来惊喜。

人脉是怎么炼成的

人脉就好比一座无形的宝藏，拥有了它，你就拥有了取之不尽的财富。聪明人认识到了这一点，所以在事业上如鱼得水；愚笨的人没有认识到这一点，所以在工作中举步维艰。

一个人可能拥有"天时"，运气很好，机会总会光临；也可能占据"地利"，拥有了不错的工作平台；但这些都不如"人和"，有了人和，你就会轻易拥有天时和地利。当你拥有人和时，即便你出身贫微，但仍然可以鲤鱼跳龙门、麻雀变凤凰！

"如果我刚认识十个人，那么至少其中有九个会成为我的朋友。"这是小张最喜欢说的一句话。

小张之前在一家都市报做记者，负责家电产业报道。几年的时间里，他通过采访认识了很多家电企业的老总，并与他们建立了深厚的友谊。在拥有了上述人脉关系后，小张的采访更加如鱼得水，很多环节都很轻易地打通，获取了大量的独家重磅新闻。业绩与薪酬相互挂钩，小张的薪水也是水涨船高，每年都有不菲的收入。

但是小张并不满足于此，他有着更大的志向。临近年底，一家家电企业的来年广告投放工作正在进行中，小张决定从此下手。他找到负责广告投放的广告部经理，表达了自己想要接下广告单子的意愿。由于常年积累的关系，广告部经理对此没有异议，并表示会上报老总批准。为了更加保险，小张又直接找到了老总。小张阐述了自己的优势和资源，最后争得了这家企业的广告代理权。随后，小张从报社辞职，开起了广告公司，开始进入商界。自然，他的收入又迈上了一个更高的层次。

通过这个故事我们发现，其实人脉存在于生活与工作中的很多地方，只要我们用心去挖掘，就会有收获。

人脉存在于你的生活中，可能只是邻居之间的一次借还东西的过程，就为将来编织了一个价值丰富的人脉关系网。

人脉存在于你的工作当中。凭借公司提供的工作平台和职务便利，你认识了很多相关行业的负责人或员工，并把他们变成朋友，放进人脉的网络中。也许某一天，你就会发现他们存在的价值。

人脉存在于学习之间。很多硕士班的同学毕业后都组成了高起点的人脉网，在追求事业成功的道路上相互扶携，打造了具有超强实力的人脉圈。

人脉还存在于微博、QQ、MSN等现代聊天工具中。通过这些工具，天南海北的人成为很好的朋友，并且在未来的前行中结伴而行。

当然，人脉还存在于你的妻子、你的家人、你的亲戚、你的朋友之中。只要我们用心去感受、去寻找，生活中很多人都会成为我们的人脉资源。

很多人意识到了人脉的重要性，却苦于没有方式和办法去建立和维护。其实人脉的建立并不像想象中的那么复杂，只要遵循以下几个原则就可以了。

人脉说白了就是可以在人与人之间的来往中互惠、互助、互利的一种关系。现实生活中，没有实际意义的交往很快就会被新的交往所替代。当然，我们并不鼓吹纯粹以利益为出发点的交往，但人与人之间能够长久保持密切往来，一定有利益关联或者情感关联。

每天的工作已经消磨了我们太多的精力，怎么可能还会有时间去应酬那些无聊的交际？如果现在和未来你都不会带给别人一定的价值，那么就算建立起人脉也是那种脆弱的、意义不大的人脉。如果想让自己的人脉圈更高档，那么先修炼自己！

不管是以什么目的建立的人脉圈，真诚仍然是不可或缺的重要元素。没有人愿意和赤裸裸充满目的的人交往，更别提自私鬼、势利小人了。人虽然本性都有自私的一面，但都希望对方能够给予真诚。而以诚待人、热心而不求回报地帮助他人，自然会有好报。同时，那些受人恩惠而不懂得回报的人，与他人的交往肯定都不会长久。

散发个人魅力的人更容易引起对方的好感，令你拥有更多的人际资本。良好的性格则会让你更容易与他人打成一片，令周围的朋友超越出身、阶层、年龄的局限。而人拥有一点个性不可怕，关键是要讨人喜欢。

不要小瞧小事所带来的人际关系资源，再高贵的人也要跟柴米油盐打交道。因此，把握住每一件小事，没准会给你带来大资源。

因工作建立的关系网，起点自然高，并且具有较大的工作价值。因工作环境而快速形成的人际关系链，起点高、质量好、目标指向明确，并且较为稳固和具有较高的实用价值，是培养人脉最重要的途径。

很多关系都是在共事的过程中熟悉起来的，也是体现一个人是否具有合作潜质的一种最好方式。因此，职场人再忙也要安排一定的时间,多和人脉圈的人来往,多合作、多共事。就好比齿轮,关系链越转则越滑润。

人与人之间的交往都是需要讲究技巧的,并非随意去做。首先要以诚待人,凡事待人真诚;其次要懂得做人,做与不做有所取舍;再次要体谅他人,习惯换位思考;最后应在一些细节上做到位,万事不留死角。

团队精神是未来发展趋势

组织无敌

企业是组织,而组织是无往而不胜的!

上班族的心里有时充满了疑问,为什么老板可以当"甩手掌柜"?为什么他对公司的业务不问不闻,但公司依然运转如常,照样收获丰厚的利润?这就是组织力量。

组织力量包含两种:制度力和执行力。

制度力是执行力的保障,执行力是制度力的根源。搞好了企业的制度建设,才能产生可持续的执行力,才能获取利润;只有执行力上去了,制度建设才能随之改善,激励公司更上一层楼。

制度力和执行力的交融发力,便是组织力。组织是最强大的,没人可以战胜!

看看下面这个真实的事情:

你的空间有多大 Money&You

沈东军是比利时珠宝品牌TESIRO通灵中国区CEO。

有一次，世界钻石大王柯西卡的公子大婚，全球时尚界和奢侈品界的数千贵宾都去道贺。沈东军和夫人也应邀参加了这场持续三天的盛大婚礼。

这无疑是个高层次的商务沙龙，男士们在觥筹交错中谈论着时尚圈的趣事、自己公司的新产品以及最新的派对；女士们则聚在一起谈论着珠宝、服装，犹如知名的"巴黎社交舞会"。

沈东军跟朋友们聊天时说："每年，我都有一半时间往返于欧洲与中国之间，出席各种社交场合。作为时尚品牌的CEO，我自身也是品牌的一部分，是时尚的代言人，所以长时间出差已司空见惯。"

有人问他："如何在长时间出差的情况下不影响企业的日常运作？"

沈东军这么回答："关键在于企业制度和组织智慧。"

接着，他向友人介绍了相关情况。

"在TESIRO通灵，日常事务通常被目标管理和流程管理消解。通过员工个人目标和所在部门目标的逐级实现，达成企业的年度经营管理目标，并最终实现企业的发展战略。

"TESIRO通灵根据公司年度目标和各部门职能描述制定各部门的年度目标，要求各部门根据自身年度目标和下属员工的职务描述制定下属员工的年度目标。

"为保证三级年度目标的顺利实现,公司、部门以及员工个人年度目标还要分别分解为季度目标和月度目标。

"各级目标须由被管理者的直接上级与被管理者在平等协商的基础上,根据直接上级的目标加以确定。目标确定的方式是双方在认可的目标管理协议上签字。

"为了实现这种目标,TESIRO通灵实行跟踪管理,定期回馈制度,以便经过一段时间后能对阶段性的目标进行评估。"

沈东军还认为:"这样有利于及时发现问题,对计划进行适当的调整。如果企业不能达成阶段性的目标,无疑也不能实现最终的战略目标,所以制定阶段性目标对战略计划非常重要,尤其在企业所处的环境变化很快时更是如此。制定阶段性目标可以促使执行者对战略执行情况进行阶段性分析总结,有利于及时发现存在的问题以及环境的变化,从而对战略计划进行调整,以利于实现最终的目标。"

另外,除了流程控制外,还需要建立与之适应的企业文化。

企业文化建设中包括建立组织智慧,让个人头脑变成组织头脑,提升组织的管理能力,唤起员工对企业精神的认同，即把抽象的价值观转换为看得见、摸得着的东西。

只有这样，才能真正放心地做一个"甩手掌柜"。

"所谓组织智慧，是根据前人的经验，结合自身的特点提炼出来，并在长期实践中确立的规律性的精华。这些精华在组织内部固化、共用和传承，便形成了组织智慧。"

沈东军是这样解释组织力的：

"组织力能够让员工的智慧贯穿于组织的成长脉络中，让每一位员工都是管理者，与组织共享成长的力量，共同推动组织制度的不断优化。"

沈东军最后总结道："通过组织智慧，每个员工的价值都在企业中得到了充分体现，每位中高层领导的智慧都传授给了员工。所有的员工都是企业的管理者，因此他们会很自觉地去工作，进而形成了一个良性循环。因此，我在不在都一样。"

可见，组织力的建设是一项系统而复杂的工程，包括各种分支制度的创立、流程管理、项目管理、目标分级管理、激励管理，等等。无论什么管理制度，目标只有一个——利润。即让赢利常态化、制度化。

组织智慧最终能转化成制度力量，使每一位企业员工都高效运转起来。

组织是最后的胜利者！未来的老板请注意，打造组织力是一项长期任务。虽然很艰难，可一旦建立成功，便会产生无穷的力量。

凡是成功的职场人士，都是组织力的崇信者。

好团队是职场最可依赖的资本

一个人奋斗，总是显得孤掌难鸣。

任何成功的老板都深刻地知道，要想收获梦想，就得打造一支顺手的好团队。顺手，很浅白，但里面的学问却并不浅。

顺手，顺的是手，实际上是符合自己意愿，按照自己的意志行动而不出现纰漏。这样的团队才是好团队。再说得简明一点，就是指哪打哪，打哪胜哪，剔除一切阻力，千万军中直取敌将首级。这样的团队，任何一位老板都应该竭尽全力去打造。

好团队是职场最可依赖的资本。

《西游记》中，唐僧可谓十足的坏老板，偏听偏信，本事不大，但他却有一项最大的本事，借此成就了他的西天取经伟业。

这项本事就是唐僧善于建设团队，领导团队，把团队打造成常胜之师。

唐僧的四个徒弟,组成了他的无敌团队。而这四个人正好代表了几种不同的下属类型和团队流派。且看分析:

大徒弟孙悟空,花果山上一妖猴。曾大闹天宫地府,斩妖除魔毫不手软,本事大得很,很少有他害怕的人,可以说毫无顾忌,天不怕地不怕,玉皇大帝见他也发抖,金箍棒一晃,神魔胆寒!他是团队中的精英一族,组织上极其器重,也十分注意防范。

二徒弟猪八戒,高老庄上一流氓。企图霸占高小姐,后来加入唐僧团队,继续好吃懒做,打小报告,遇到危险,逃心顿生,最怕吃苦,最贪图享受,最能涣散团队,一遇困难便要分家,但是,他最听话,最能取悦唐僧。他是团队中的黏合剂,组织里的红人。

三徒弟沙和尚,可谓老实本分,毫无野心。勤勤恳恳,脑子笨,跟不上形势,做事需要人点醒,本事也不大,脾气也没有,对唐僧的意图不是十分明了,干基层的活,人云亦云,毫无积极能动性。他是团队中的普通一族,虽为实干阶层,但需引导指示。

唐僧作为这个团队的领导,平常也是十分伤脑筋。但他有办法,量才使用,各用其长,尽避其短,充分调动每一位团队成员的积极性。

孙猴子不是天不怕地不怕本事大吗?好,降妖除魔的事就交给你，一概主外，出风头露脸面的事情都是他的；妖魔鬼怪虽深有背景，在被孙猴子伤害后，后台都会站出来骂泼猴，但大都与唐长老无涉。

对于这样的精英，尤其是能力强于自己的下属，唐僧保有必要的威慑力，防止猴子出格。那就是紧箍咒。不老实就念它几遍，看你怎样？

于是，孙悟空在外逞足了威风，到了唐僧跟前，也得服服帖帖。

对于猪八戒，唐僧心里有数，应该把日常的工作交给他，也就是让他当办公室主任。牵马，找水，讨饭，打尖住宿……就是他干不好，唐僧骂了他也无所谓，因为八戒心宽，领导骂几句不算啥，没准他还要赔上笑脸。多么大的事，到了八戒这里，唐僧就生不起气来。有几次，猴子要打八戒，唐僧还要站出来维护。

这就是黏合剂的作用。其实，八戒才是唐僧的心腹。猴子是干将，但绝不会成为唐僧的心腹，唐僧几次要赶走他就足以证明这一点。

沙僧呢，最肯干，怎么吩咐都行，从不抱怨，因此唐僧把苦活、累活都交给他干。

唐僧的团队分工明确，各尽其职，因此一路西行，斩妖除魔，最终取回了真经。只能说，这是好团队的胜利！

老板们都应向唐僧学习！

当然要承认，唐僧取经的信念是整个团队的灵魂。

要建设好团队，必须要有过硬的思想、坚强的信念。要不然，你的团队就是乌合之众，经不起任何大风大浪。

记得2010年世界杯的时候，阿根廷虽然没能捧起大力神杯，可全世界的球迷都对阿根廷主教练马拉多纳的执教理念大为赞赏。

有的人甚至说，能把一盘散沙的阿根廷队团结起来，就已经很不容易了。

阿根廷在世界杯预选赛中跌跌撞撞，将马拉多纳推到了风口浪尖。所有的球迷都在议论这位多年前的传奇球星到底能带阿根廷队走多远。

所有媒体几乎一致地在新闻头条中对马拉多纳提出质疑。

但是不论在什么情况下，马拉多纳始终默默地坚持着自己的选择。

在挑选球员时，马拉多纳坚持"用人不疑，疑人不用"，并不计前嫌地将伊瓜因招至麾下。这是一种信任和大度。

球队的战术体系及思想一定是属于马拉多纳自己的，

而执行者则是阿根廷国家队的每一位球员。

团队里最重要的是你要知道你的灵魂、你的信念、你的方向以及你自己想要什么。这样，你在团队才会施展才华，发挥力量。

团队需要灵魂，团队管理者应深知这一点。

对于职场人来说，选择合适的团队是拓展职场空间的有效途径，优秀的团队能够帮助你更容易达到目标，不适合的团队只会加速你的毁灭。大家都看过《动物世界》，其中有一集，是说角马迁徙的。

有一组镜头描写鳄鱼与角马的角逐，画面是这样的：

广阔的非洲草原上，一面是河里潜伏着的饥饿的大型食肉动物鳄鱼，另一面是急于过河的大群角马。

角马要过河去寻找丰美的水草，为此必须过鳄鱼这一关。因此，角马面临着两难选择，要么冒死过河享受鲜嫩的青草，要么永远达不到彼岸而饿死在河这边。

对于角马团队来说，其实并没有其他选择，它们只有过河这一条出路。以前的经验，就是牺牲其中一个，幸福大家。一只角马充当牺牲品，赢得团队过河的时间。

但问题是谁愿意充当鳄鱼的美食，换取团队的利益呢？终于有大胆的角马站了出来，第一个跳进河里，紧接

你的空间有多大　Money&You

着,其他角马一个接一个地跳下去,大部队开始浩浩荡荡地过河了。

有趣的是,鳄鱼们却纷纷躲开了争先恐后的渡河大军。

原因其实很简单,鳄鱼们谁也不愿意被千军万马的铁蹄踏成肉泥。

角马们终于顺利渡过河流,只有被挤到旁边的个别年老体弱的角马壮烈牺牲了。

角马以团队的力量宣告它们的胜利。

可是,故事还没完。

不久,角马又遇到了同样的难题,前面又遇到了另一条河流。

角马重复着之前惊心动魄的场面,一只角马英勇地率先跳入河中,向对岸游去,其他角马也是义无反顾,一个个跟着抢先渡河。

可是,这一次渡河却遇上了更大的麻烦,盲目过河的角马们,到了对岸才发现原来河对岸实在太高,根本没有可以上岸的地方,先头部队乱作一团,可后面还有几万只角马疯狂地涌了过来。

环境突然发生变化,角马之前的经验不管用了。于是悲惨的一幕发生了,角马们互相踩踏,死伤无数,最后大部队踩着前头角马尸体堆成的台阶总算过了河。

较之上次渡河,这一次的场面更加让人震撼。

据研究者统计,每年角马在迁徙过程中,死于同胞蹄下的数量远远大于被其他大型食肉动物吃掉的数量。

耐人寻味的是,角马两次渡河,都是充分发挥了团队的力量。团队的目标一致、方向一致、方法一致,但结果却截然相反,如果说第一次是赢在了团队上面,而第二次则是输在了团队上。

团队还是那个团队,力量还是那个力量,但不同的是环境已经发生了变化。

第一次渡河,领头的角马对环境的判断是正确的,在其正确的领导之下,团队最终取得胜利;

第二次渡河,领头的角马在没有分辨清楚环境状况的前提下,盲目采取行动,最终导致了悲剧发生。

因此,对于职场人来说,如果不能有效分辨团队的具体情况,只会盲目地走向灭亡。

和"异己"搭档的哲学

异己是团队中的异见分子,或是跟自己不和睦的同事。跟他们怎么相处,才不会破坏团队的整体协调性?

俗话说,道不同,不相为谋。形容意见或志趣不同的

你的空间有多大

人就无法共事。

东汉时，管宁与华歆二人为同窗好友。

有一天，二人同在园中锄草，发现地里有块金子，管宁对金子视如瓦片，挥锄不止，而华歆则拾起金子放在一旁。

又一次，两人同席读书，有达官显贵乘车路过，管宁不受干扰，读书如故，而华歆却出门观看，羡慕不已。

管宁见华歆与自己并非真正志同道合的朋友，便割席分坐。自此以后，两人不再为友。

难道志趣迥然的两个人真的就形同水火、不能共事吗？

喝咖啡长大的人与吃大蒜长大的人难道就不能站在同一个舞台上插科打诨逗观众开心吗？

并不见得。事实则是，两个存在巨大差异的人合作，更容易获得成功。

因此，不要轻易排斥差异，有时还要主动寻找差异。

正是因为不一样，才具有互相弥补和帮衬的可能。把那些和你不一样的人变成好搭档，也许会给你带来意想不到的惊喜。

从某种意义上说，搭档有时候像夫妻。仔细算一算，有时候跟搭档在一起的时间，甚至要超过夫妻。夫妻双方最佳的搭配模式，应该是左右手关系，既要有协调统一性，也要互补互助，弥补各自的不足，这样才能相得益彰、互惠互利、共存共生共赢。

在现实生活中，如果夫妻双方性格相同的部分比较多，很容易互不相让，时间久了就会激化矛盾，无法容忍对方；如果夫妻双方具有相当的互补性，就可以相互包容，有利于和谐。

在选择朋友时，人们往往倾向于选择和自己相似的人。但若选搭档，我们建议在目标一致的前提下，做成互补性搭配。因此，你可以大胆地去寻找异己搭档。

异己搭档因为从性格和行事风格上都有不同，因此更容易冷静清晰地看到对方的缺点和优点，而不至于总是开始时"英雄所见略同"，最后却功败垂成。

工作时，如果时刻有一个人不断提出反面意见，就能在争论和探讨中更成熟地考虑问题；在一个人头脑发热时，另一个人能保持足够的清醒；当遭遇一个人不擅长的问题时，另一个人也许恰恰可以轻松地加以解决。

什么样的异己搭档，才具有成功的足够把握呢？

首先，目标要一致。

共同的目标是搭档合拍的基础，也是两个人前进的原始动力。如果两个人在目标选择上都存在不同，那么完全没有合作的必要。

两个人可以在某些具体的事情上存在差异甚至对立，但是在根本的目标诉求上必须保持一致。

这也是选择异己搭档的前提。

其次，要互相尊重。

你可以不同意对方的见解，但是却要誓死捍卫对方说话的权利。

异己搭档的最大哲学，恐怕还是相互之间的尊重。

喝咖啡的可以觉得吃大蒜的口臭，但是不能因此就认为喝咖啡的比吃大蒜的高人一等。搭挡之间可以争吵，可以冷战，也可以拍桌子、摔杯子，但是你不能藐视对方存在的价值。

只有在心理上尊重对方存在的必要，才能在合作的道路上走得更远。

再次，角色互换是王道。

搭档有时候很像夫妻，不能总是一个人牢坐略高的跷跷板那头。角色互换才是相处的王道。

当然，根据每个人性格的特质，可以确定一个主导型角色，另一个选择服从。但是在意见的采集中，却是扬己所长、避己所短。因为没有一个人永远站在天平的中心。

最后，用适合的方式沟通。

朋友之间可以亲密无间、无话不谈，异己搭档就难办很多，但总能找到沟通交流的方式。

搭档一方可以在生活中观察另一方的习性，或者从其他人那里打探他的爱好，或者采取更加直接的方式解决。总之，不管用哪种方式，只要合适就好。

你的空间有多大 Money&You

新空间在每一个机会中

机会无处不在

很多人抱怨幸运之神对自己不公,机会不曾光临过他,而馅饼总是掉在别人的头上。

难道机会真的不曾向你投射过暧昧的目光吗?

其实不是,机会无处不在,只是你没有发现它而已。

2008年金融危机席卷全球,对中国的房地产业造成了冲击。从2005年开始进入上升通道的中国房地产市场,开始出现萎靡甚至停滞不前的状况,一些楼盘纷纷打折让利,优惠幅度可谓空前。

当时,很多人看不清后市情况如何,表现得十分悲观,尽管房价已经创造了历史新低,但却少有人问津,鲜有人敢在这个时候出手接盘。

马沿却是一个另类。

作为房地产中介的工作人员,多年的工作经验告诉

机会无处不在

他，这是一个抄底的良机。

尽管其他同事并不看好未来市场，并极力劝阻，但是马沿还是力排众议，筹集资金购买了位于市区繁华地段的一处60平方米的小两居。由于卖主是自己带的客户，因此公司在中介费上还进行了相应减免。

马沿对购房信心满满，其他同事却背地里嘲讽他瞎捣乱，将来肯定赔得不是一星半点。

几个月后，房价落地开始反弹，并在2009年末开始进入快速上升阶段，还甚至出现一天两价的繁荣局面。

这时候大家纷纷劝马沿赶紧抛盘，在高点上出售，以免再次面临降价结局。

但马沿坚信房价还会涨。果不其然，经过春节长假一段平稳期后，房价开始飙涨，并创造了历史新高。

马沿于是将低价购得的房子，在高价位卖出，赚了不少钱。

同事们因此投来羡慕的目光，并感叹自己的命运不济。但是当时机会对大家都很均等，只是他们没有辨别清楚并抓住罢了。

而马沿抓住了机会，为自己积累了人生的第一桶金。

有了第一桶金之后，马沿从一些渠道了解到，黄金正处于历史上最好的时期，具有极大的投资价值。于是他将自己的全部资金拿出来,投入到黄金实物市场,购买了大量的实物黄金。这一次,金价的一路飙升又让马沿赚了个盆满钵满。

很多电影都有这样的画面,两个恋人分手之际,女方往往都会哀怨地感叹:不是我没给过你机会,只是你没有珍惜。

实际上,机会大量存在于我们的生活当中,可能来自于你的朋友,可能来自于你的客户,也有可能来自于你自己本身。

但是,当机会来临时,由于你缺乏辨别机会的能力和抓住机会的准备,使得良机在一次次被忽视中悄然离去,并且再也不会来临。

因此,不要再抱怨命运对自己不公平,请擦亮你的双眼,认真地看看周围的世界,机会真的无处不在!

机会往往在困难和挫折中

福兮祸兮,否极泰来。

事物在发展中转化,在转化中完成量变和质变。当我们被困难压得快喘不过气来的时候,也许正是转机快要来临的时候。

你的空间有多大　Money&You

也许你现在已经很累很苦了，但是请千万不要轻易放弃，再坚持坚持，也许就会是另外一种局面。

王丹在一家电力设备销售公司工作。大宗货品的买卖，其操作难度可想而知。但是凭借多年在该领域的打拼以及建立起来的广泛人脉，王丹的工作进展还算顺利。

不过，最近王丹遇到了很大的麻烦。

这是一家以电信设备为主导的客户。

自从经人介绍见了一面之后，前前后后这个客户已经跟进了半年，光电话就打了好几十个，几乎每周一个，但对方就是拖着不肯见面，更别说谈深入合作了。

眼看着这月的业绩又要挂红，王丹急得快要发疯。

作为电力设备销售公司，所面对的客户大多是一些资源垄断行业。庙大、水深、眼皮往上翻，是这些客户的特征。

尽管王丹公司的设备从质量上来说绝对算得上一流，也满足了绝大部分客户的需求，但是，拿着砖敲庙门，只能说是心有余而力不足。

按照惯例，客户谈了半年还谈不下来的话，只有两种可能：一是对方没有需求，二是自己能力太差。但是从实际情况来看，好像这两种可能都不存在。

王丹知道对方正在某省进行基础设施铺建，需要大量

你的空间有多大 Money&You

电力设备,不能说没有市场需求;而王丹的业务能力在公司虽不算第一,但至少能进前五。

那么问题出在哪里呢?王丹百思不得其解。

正在王丹一筹莫展准备放弃的时候,无意间她从一个同行那里听说,由于对方施工的省份地处南方湿地,气候水分过大,对于电力设备的防潮性能要求很高。

王丹听到这里眼睛顿时一亮。因为王丹公司的产品最大特点之一就是经过高温、潮湿气候的试验,具备抗潮能力,与对方的需求不谋而合。

兴奋的王丹经过紧张思索后给客户打了一个电话。先是询问了对方的工程进展情况,并表示已经了解对方目前的困境,接下来对公司产品在潮湿环境下工作的性能进行了大力的推介。

对方正在为工程开展不下去发愁,一听王丹的介绍立即来了兴趣,当即叫王丹带着产品技术参数到单位面谈。

于是,看似签不下来的单子,就这样完成了。

所以说,机会往往存在于困难和挫折中。不要遇到困难就觉得希望渺茫,大多数时候机会来得并不同寻常。

等待机会,寻找机会,创造机会

古人常讲,万事俱备,只欠东风。说的是三国时赤壁之战的典故,现在却用来形容谋划已经够精细了,但还欠缺一定的条件。又如巧妇做饭,什么也不缺,却单单没有米,而没有米怎么能够做饭呢?于是,人们就说"巧妇难为无米之炊"。

其实,此言差矣。有米的话,纵然不是巧妇也能为炊,假如巧妇完成了有米之炊,那么她还是巧妇吗?和一般的愚妇有什么区别?

照此说来,只要有米,人人都可以成为巧妇。

真正的巧妇,能为无米之炊。有米之炊算得了什么呢?"巧妇难为无米之炊"只不过是人们因条件欠缺而张扬的托词。

人生也有类似的境遇。当遭遇到某些带有决定性意义的事情的时候,往往会因为准备不足,谋划不善,敷衍地说一句"巧妇难为无米之炊"搪塞过去,以至于失去时机,酿成大错。

事情在于谋划,不谋不立。有条件要上,没条件创造条件也要上。客观环境不利于我们,我们就应该发挥主观能动性,改变不利于我们的条件,创造有利于我们的条件。

庸人和能人的区别往往就在于对客观环境的态度上，庸人总是认为巧妇难为无米之炊，没有"米"就没有作为；能人却不这么认为，他们认为能为无米之炊的才叫巧妇，千方百计地创造条件，改善自己的处境才是唯一的出路。

越是在危急的时刻，越能显出一个人的胆略和计谋。

司马懿十五万大军压境，诸葛亮竟能施展空城计这一奇谋，被传为千古美谈。

诸葛亮之所以敢出奇策，是因为他对于司马懿的深入了解和情势所逼。如果不这样做，城池就会落入司马懿的手中，伐魏的战略部署也会被打乱，就会一着不慎，满盘皆输。

但是诸葛亮善于谋划，深知兵不厌诈的道理，虚者虚之，疑中生疑，跟司马懿上演了一出彪炳千古的心理战。

巧妇能为无米之炊。人生所遭遇的种种不是每一种都有利于自己，但是不可因为情势不利于自己就灰心丧气，绝望颓废，这样的想法和作为是错误的，是不负责任的表现。遇事应该先谋划，冷静分析，怎么才能变不利为有利，变逆境为顺境，变颓势为强势，这样才是理所当然。

有时候，为人处世的确面临着诸多的困难，就像在荆棘中穿行，四面八方都要考虑周全，有一处疏漏就可能导致困境的降临。

你的空间有多大　Money&You

这时就需要我们保持镇定,发挥谋划的艺术,把事情的枝枝叶叶细细地剖析,针对可能出现的情况一一做出应对策略,慢慢地引导事情向着自己希望的方向发展。

有一个装扮奇特的人来到一个小村庄,他向迎面而来的几位妇女说:"我有一颗神奇的汤石,如果将它放入烧开的水中,它会立刻变出一锅美味的汤来。如果不相信,我现在就煮给大家喝喝看。"那个奇特的人胸有成竹地高声宣布。

大家半信半疑,都想知道世界上是否真的有这样一种石头。有人找来了一口大锅,有人提了一桶水,并且架上炉子和木柴,就在村子的广场上煮了起来。火势很快就上来了,锅里的水在熊熊的火焰中开始沸腾。

这个陌生人很小心地将汤石放入水中,然后用汤匙尝了一口,兴奋地说:"哇!太美味了,这是我做的汤里最鲜美的一次。如果再加一点儿洋葱就更好了。"

立刻有人兴冲冲地跑回家拿了一堆洋葱。

陌生人让大家把洋葱剥好,放入到锅中,然后就开始搅拌。

做完这一切,他又品尝了一口:"太棒了,不过,我相信如果再放些肉片,这锅汤就会成为你们喝过的最香的汤了。"

屠夫的妻子听后，连忙赶回家端来一大盆切好的肉，她想象着自己可以分得一大份汤，不禁喜上眉梢。

"再有一些蔬菜就更完美了。"陌生人又建议道。

在陌生人的指挥下，有人拿了盐，有人拿了酱油，还有人捧来了其他的调味品。当大家一人端着一个碗蹲在那里享受时，他们果真发现这是天底下最美味好喝的汤。

如果一个卖汤的人，说因为没有锅，所以不能做汤，你会怎么想？等你有了锅的时候，卖汤的就不止你一家了。

人们总是喜欢抱怨不足，却不愿意思考怎样弥补和创造我们所欠缺的条件和因素。就像故事中的陌生人一样，条件是自己创造的，而不是靠等待和索要。

其实，我们有很多方法和途径来弥补我们的不足，创造我们所欠缺的条件，但是我们不愿这样去做，也不曾想过要这样去做，因为我们觉得这些事情不应该由我们来做。

正是有了这样的考虑，机遇就从我们的身边悄然溜走，它也曾向我们招手，可是我们却把头扭向另一边，不断地等待和抱怨着，完全没有意识到机遇的到来。

你的空间有多大 Money&You

简单的改变就能扩大空间

有创新才有出路

因循守旧只会使原有的空间越来越小,而简单地改变一下,就能达到"山重水复疑无路,柳暗花明又一村"的境界。

无论对企业,还是个人,只有不断地创新,才会有出路。很多事实都证明了,不求创新,意识还停留在过去单纯依赖产品本身价值谋求发展的企业,将会在未来的市场竞争中处于下风。而善于创新的人才,无疑又为自己职业空间的提升开辟了一条新路,抓住了提升自己的机会。

张强在一家生产杯子的公司负责设计工作。

按照常理,杯子尽管在人们的日常生活中不可或缺,其实功能却很简单,并且样式大同小异,很难引起用户的特殊关注。因此,人们在选择时更多考虑其实用价值,不会太挑三拣四。

起初张强也是这么认为的,并且一以贯之地按照过去的设计思路设计杯子。尽管杯子没有什么特色,但是也不愁销路。

但是没多久,张强发现市场上出现了很多设计新颖、寓意丰富的杯子,并很快占领了市场。

张强所在公司生产的杯子尽管也够实用,但由于设计风格较为陈旧,无太多亮点,因此销量急剧下滑。

老板和张强都陷入了焦虑之中。

"看来光靠传统思路设计杯子是不行了,必须要创新。你认真地思考一下,三天后给我一个方案。"在公司大会上,老板给张强下了死命令。

怎样能够转败为胜?

张强用了三个晚上终于想出了点子。现在市场上的杯子更多还处于创意的初级阶段,大多从外观设计上吸引人的眼球,有些哗众取宠,缺乏内涵。而寓意上更多取材于中国古典典故,只是通过简单的画面表现手法体现意境,缺乏更高层次的文化内涵。

而张强设计的杯子,采用套杯形式,大杯为直筒的大树状,寓意家中的顶梁柱。中杯为椭圆形的乳房状,表现了母亲哺育生命的意义。小杯则是圆圆的太阳形状,犹如冉冉升起的东方红日。三个杯子作为一个系列,相互之间

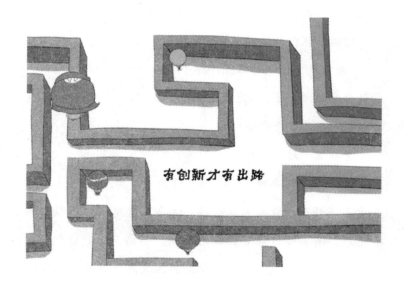

可以环套，共处于一个托盘之中。大杯为爸爸使用，中杯为妈妈专享，小杯供孩子的日常饮用之需。三个杯子设计各异但浑然一体，外形美观，色彩艳丽，具有超出一般杯子的欣赏价值，并具有较高的实用价值。

杯子一经推出市场，就受到了众多三口之家的喜爱，很快就销售一空。公司因此挽回了败局，重新走上了发展的正轨。

张强也因为独特的创意，受到了老板的青睐，并委以重任，给予高薪。

可见，在如今以创意为潮流的年代，只是一味地因循守旧，会使企业走进死胡同，也会桎梏职场人的思维，从而阻碍职场人拓展空间。

只有创新，才能够在竞争中立于不败之地。

创新原来可以这么简单

很多人潜意识里把创新看成一件神圣的事情，并认为其困难程度超人想象，遂敬而远之。如爱迪生发明电灯、发明计算机这般的使命，永远不会降临在自己身上。

因此，我们羞于谈创新、怯于谈创新。其实不然，创新并非你所想象的那么神秘、困难。

一个工人改变机器上一个螺丝的位置,就可能使机器运转更加迅速;

一个售货员改进了货物的清点方式,无形中提高了工作效率。

可见,创新并非高不可攀。创新不是发明,不需要从无到有。只要你用心观察、用心琢磨,就有可能完成一次改变现状的创新。创新,也可以如此简单。

高鹏辞职后与内弟宋明合作开了一家活动板房公司。

近几年由于房地产建设如火如荼,新小区大量涌现,造就了活动板房市场的发展。而近年流行的环保别墅的市场需求,也给高鹏的企业发展带来了机遇。

凭借之前积累下的人脉关系,一开始公司的发展势头强劲。

但随着越来越多的人加入这个行业,市场竞争越发激烈,技术趋同化也越来越严重,利润空间不断下降,高鹏的企业发展遇到了瓶颈。

残酷的现实让高鹏陷入了迷茫。是就此放弃转做他行,还是坚持到底、维持公司运转?高鹏与宋明之间产生了分歧。

经过几次争论,二人达成了共识:不放弃,搞创新。

只有这样才有出路。

对于此，高鹏心里却没有底。创新说起来容易，但做起来可就难得多了。只凭他们的智商和经验，恐怕是没戏了。

但是宋明却没有这么悲观。做活动板房几年来，他们的技术已经很熟练，况且当年他对活动板房也是一无所知，后来到日本考察市场后才将其先进技术引进到国内的。如今自己也算半个专家，只要敢于尝试和摸索，就不信没有收获。

于是宋明和高鹏天天泡在工地，分析、观察活动板房的构造和功能设置，同时查阅大量国内外的先进技术和实践经验。

转眼到了夏天，天气酷热难耐。

一天，宋明又钻进板房里观察思考，不知不觉中点燃了一支烟。很快板房里烟雾弥漫，呛得宋明咳嗽不止。

突然，宋明灵光一动：现在的产品在通风设计上有一定纰漏，完全依赖固定空格疏通浊气，空气流通和烟雾排放的效果不佳。如果我们来改进一下，就会使得通气效果更好。

于是，宋明经过几个日夜的冥思苦想，借鉴电脑风扇的原理，在屋顶窗口位置设立了一个排风扇装置，通过内外空气压力的差异,轻松将室内浊气排放出去,并引进了室外的新鲜空气。

经过改进后,高鹏公司生产的活动板房具备了其他企业所不具备的优势,因此再次打开市场,很快畅销起来。

可见,创新并非那么神圣。在生活中,只需我们多一点儿创意,我们的空间就会变成一道美丽的风景。

学习改变命运

终身学习的重要性

"活到老,学到老",这是中国的一句古训。

随着经济高速发展,知识迅速更新,之前的知识储备已经不能完全适应社会发展的需求,上班族需要不断地学习和"充电"来补充自己的知识素养,优化智能结构,否则注定会被竞争激烈的社会所淘汰。

因此,终身学习显得尤其重要。还想什么?抓紧时间学习吧!

高丽芳今年已经50岁了,在一家大型国企做人力资源管理工作。

最近同事明显感觉她有点儿疲惫,聊天后才发现她工作日上班,周末还要上辅导班,备战国家人力资源管理师的考试。

原来,当年只有高中学历的她接替父亲的班进入这家国企，后来从车间调到人力资源部负责工资统筹管理。在当年学历热的情况下，她去自学了电大课程，获得了专科学历。结婚生子后生活开始忙碌起来，也就没有再继续深造、学习。

随着规模的逐步扩大，现在的企业早与过去不可同日而语了。

为了提高生产效率，优化企业结构，企业现在大搞改革，人力资源这一块就是一个重点。

但是并没有系统学过人力资源管理的高丽芳，面对诸多犹如"抽屉式"管理、"和拢式"管理等国外风行的人力资源管理方式，却是一知半解，在工作中也是经常出错。面对着企业越来越多的硕士生甚至博士生，高丽芳的压力越来越大。

有一天，企业总监找她谈话，告诉她现在企业开始实行工资阶梯制管理，具有职业资格证书的员工将来退休后退休金会升一大截。

眼瞅着还有几年就退休的她终于坐不住了，将孙子托付给亲家，报了一个辅导班。

高丽芳已经到了知天命的年龄，但是在这个知识爆炸、竞争激烈的社会，仍然重新走进了课堂，去学习、去"充电"，提高自己的知识水平和含金量，她的行动值得我们学习。

可见，无止境地学习、求索，是每一个积极向上者必要也是必需的手段。

据统计，当今世界90%的知识是近30年产生的，知识的半衰期只有5~7年。而随着时间的推移，人的能力就像电池的能量一样，会在不知不觉中逐渐流失。

而这个知识爆炸的年代，更需要我们去无时无刻地汲取新的知识给养，不断"加油"、"充电"，才能够不被时代所淘汰，才不会OUT。

甚至比尔·盖茨都认为：在21世纪，人们比的不是学习，而是学习的速度。

在现今的企业环境里，打不破的"铁饭碗"越来越罕见。你所负责的工作在今天可能不可或缺，但并不意味着明天这个职位仍然有存在的必要。今天你能应付得了的事情，不代表明天照样可以照猫画虎依样而行。

所以，我们必须用不断学习、终身学习来防患于未然，从而实现自我完善、自我超越。

主动地学习也能给我们带来意想不到的好处，尤其是对于上班族来说，学习可以给我们带来机遇、带来能力、带来薪水和职位的不断提高。

高尔基说："书籍是人类进步的阶梯。"我们不妨改一下：学习是职场人晋升的阶梯。

试想，如果不是饱读诗书，诸葛亮怎能凭三寸不烂之舌力战群儒，联吴抗曹保存了实力，最后才有魏蜀吴三分天下？如果不是平时储备知识，张良怎会"运筹帷幄之中，决胜千里之外"，协助刘邦成就千古霸业？

学习可以提高我们辨别是非的能力，让我们在前行中少走弯路；学习可以聪慧我们的大脑，让我们在工作中更加得心应手；学习教给我们很多技能，让我们在工作和生活中随时发挥价值；学习可以锻炼我们的口才，让我们在与客户沟通和职位竞聘中，出口成章、口若悬河，最终获得成功。

腹有诗书气自华。学习可以改变我们的气质，精化言谈举止，提高自身修养，提升整体品位，完善个人素质，让我们待人接物更有规矩，为人处世更有方圆，行为举止更有教养。

"诗圣"杜甫曾经有这样一句诗："富贵必从勤苦得，男儿须读五车书。"

学习使你变得充实，内心不再浮躁；学习使你有别人所没有，精别人所不精；学习使你想问题更深刻，办事情更稳妥；学习使你英雄有用武之地，关键时刻显本领；学习更会让你站得更高、看得更远，个人价值更充实、更全面，使你在竞争中处于不败之地。

正是学习能给我们带来诸多好处,所以才会有那么多的人前赴后继地去考证、去报班,坚持不懈地努力学习。

毛主席说"好好学习,天天向上",此话至今看来也不过时,仍应该成为我们所遵循的至理名言。

只有坚持学习的人,才会生活得更加充实,人生才能更加丰富多彩。

只有坚持学习的人,才能在复杂的职场中保持良好的心态,在激烈的竞争中脱颖而出,超越他人,最终成为胜利者。

学习能力比学习本身重要

壳牌石油策划经理盖亚斯(Ariede Gens)认为,唯一能持久的竞争优势是胜过竞争对手的学习能力。

提高学习能力是好好学习的前提。

如今的信息社会,知识大爆炸,知识更新周期越来越短,知识范畴不断扩大,知识载体不断出现,传播渠道更为多元,对人的学习能力要求也更高。

从某种意义上,会学的人才能学得好。在相同条件下出现的差距,归根结底是学习方法、学习能力间的差距。

因此,要想学得好,首先要会学。学以致用,把所学到的知识转化为现实的操练,既能够检验学习的效果,又可以提升自己的能力,还能够巩固所学的知识,可谓是一箭三雕。

学习时还应注意,学而不思,等于白学。

思考是学习的前提,学习是为了更好地思考。光学不思考,会使知识的传承质量大打折扣。

孔子曾经说过:"上学以神听,中学以心听,下学以耳听。"

上等的学习方法,就是要边学习、边思考,这样才能探求事物的本质,领悟事物的精髓。把所学的知识归纳、整理、加工,使无序变为有序,可以使得知识更系统;辩证地看待别人的知识,是自身知识吸收、消化、融会贯通的有效途径,也是将知识转化为能力的过程。

上班族还要学会谦逊,懂得"三人行,必有我师焉"。

一方面要就学习的方式方法和别人交流沟通,达到"他山之石,可以攻玉"的效果;一方面要就所学的知识展开讨论和交流,这既是思辨的过程,也是记忆的方式。思想只有碰撞,才能擦出智慧的火花。

学习时,如果只是一味地苦读书、死读书,而不去探寻别人的想法,那么很有可能造成对于知识的片面认识,学到头却无法掌握知识的真谛和精髓。

第三章 新空间在哪里

因此，多和他人交换心得、交流看法，是提高学习能力行之有效的手段。

另外，学什么也很重要。在现今社会，职场人意识到学习的重要性和迫切性后，便急于投入到学习中去，甚至还为自己设定了很多规划。

但是，当你准备大干一场时，是不是真的对自己需要加油的地方进行了仔细分析，是不是具备了一种善于学习的能力呢？所谓方向比努力更重要，虽说技多不压身，但是如果学了过多无用的东西，反而会使我们更加茫然无措。

学习，也是一门艺术。能够饱览诗书固然可贵，但是对本来空余时间就有限的职场人来说，那只是一种奢侈的享受。因此，如何安排仅有的学习时间，是我们在学习之前亟须解决的问题。

缺什么补什么。

先梳理一下自己的优势和缺陷，找出自己的短板，然后针对短板进行修补，有目的、有选择地进行这方面的学习和提高，才能达到快速提升自己的目的。

同时对于现在和以后工作有需要的学习内容，也要重点关注并及时汲取营养，达到武装自己、提高技能的目的。

你的空间有多大　Money&You

空间语录

成功的道路上离不开"贵人"的帮助，人脉资源越丰富，贵人出现的概率也就越大，可以借助的力量也就越雄厚。

怎样才能更好地打理自己的人际关系呢？用心、精心、细心，"三心"齐，泰山移，具备了"三心"，你的人际关系一定能够打造得既坚实又持久。

如果现在和未来你都不会带给别人一定的价值，那么就算建立起人脉也是那种脆弱、意义不大的人脉。

不管是以什么目的建立的人脉圈，真诚仍然是不可或缺的重要元素。

庸人和能人的区别往往就在于对客观环境的态度上，千方百计地创造条件，改善自己的处境才是唯一的出路。

上班族需要不断地学习和"充电"来补充自己的知识素养，优化智能结构，否则注定会被竞争激烈的社会所淘汰。

上等的学习方法，就是要边学习、边思考，这样才能探求事物的本质，领悟事物的精髓。

先梳理一下自己的优势和缺陷，找出自己的短板，然后针对短板进行修补，有目的、有选择地进行这方面的学习和提高，才能达到快速提升自己的目的。

第四章 如何依靠新空间取得成功

Money&You

好心态才能增值新空间

能屈能伸不吃亏

老板喜怒无常,员工能屈能伸,只有这样,在职场的博弈中,上班族才能与老板保持某种微妙的平衡,从而迈步走向未来。

相反,如果上班族适应不了老板瞬息万变的心情和决策能力,那么,他可能会被气死,会被折腾死,会被累死……总之,若没有能屈能伸的本事,奉劝上班族一句,还是别在职场混了,你注定没有前程。

古来成大事者,必是能屈能伸的伟丈夫。

人生处世有两种境界,一是逆境,二是顺境。

在逆境中,困难和压力逼迫身心,这时应懂得一个"屈"字,委曲求全,保存实力,以等待转机的降临。

在顺境中,幸运和环境皆有利于我,这时应懂得一个"伸"字,乘风万里,扶摇直上,以顺势应时,更上一层楼。

而从做人上来讲，应该有刚有柔。人太刚强，遇事就会不顾后果，迎难而上，这样的人容易遭受挫折；人太柔弱，遇事就会优柔寡断，坐失良机，这样的人一味软弱，很难成就大事，终究是扶不起的阿斗。

做人就要刚柔并济，能刚能柔，能屈能伸，当刚则刚，当柔则柔，屈伸有度。

刚强对一个人来讲很重要，是人身上最可贵的品质，但刚强也有限度，有了困难和挫折，宁折不弯是对的，却不可一味地刚强到底，要知道刚强者并不能持久。

况且刚强的人都是心劲足、血性大的，遇到困难耗尽心血，硬撑死撑，直到精血耗尽，无可再撑。一旦折服，便很难再有重新站起的机会。

柔弱却可得长久，柔者有包容力，海纳百川，就是靠刚柔并蓄的力量吞吐含纳。但是如果一味柔弱，就会遭到欺凌。俗话常讲，一个人要是没刚没火，便不知其可。就是说一个人要是只会软弱，不懂得刚强，那么他什么事情也做不成。

无志空活百岁，柔弱纵能长久，也是白白地消耗岁月。

要想成就一番大事业，就得忍受常人所不能忍受的耻辱。历史将赋予你重大的责任，你就要做好吃苦受辱的准备，那不仅是命运对你的考验，也是你对自己的考验。

面对耻辱，要冷静地思考，若不接受，会不会带来生命的劫难，会不会从此一蹶不振、永难再起？

如果答案是肯定的，那么就要三思而后行，而不是鲁莽地凭一时意气用事。

因为人在遭遇困厄和耻辱的时候，如果自己的力量不足以与对方抗衡，那么最重要的是保存实力，而不是拿自己的命运做赌注，做无谓的争取。

一时意气是莽夫行为，绝不是成大事者的作为。

职场上也是一样。老板时不时发威，你总不能撂挑子不干了吧？如果想继续干下去，就得能屈能伸，懂得刚柔并济的道理。

老板在理时，你就听他的，改进工作；老板蛮横不讲理时，你不妨忍一忍，暂时屈一下，采取柔性态度，等过了风头，老板自身也会反省，你可以趁机向他申诉。

做老板的有时候会不理智，人都有这样的时候，如果你求全责备，大为不满，以至消极怠工，不思进取，那就十分不明智了。

上班族的心态要摆正，对于来自老板那里的不可抗的阴晴变化，不要介怀，要常怀一颗平常心。对于非理性的对待，更要能屈能伸，要理解老板也是情感动物，难免有情绪波动,而要说他是有意为之,未免有失公允。

你要知道的最关键一条是:你还要跟他继续走下去,你们还要开创共赢的局面。

为了此目的,你就必须要能屈能伸。

暂时的"屈"是为了将来的"伸"

"屈"是暂时的,暂时的忍辱负重是为了长久的事业和理想。不能一时之屈,就不能使壮志得以实现,使抱负得以施展。

"屈"是"伸"的准备和积蓄的阶段,就像运动员跳远一样,屈腿是为了积蓄力量,把全身的力量凝聚到发力点上,然后纵身跃起,在空中舒展身体以达到最远的目标。

贵州有个知名酒厂,最近新聘来两个调酒师,其中张丰的舅舅是厂里的财务部主管,而李伟却是靠真本事进厂的。

厂长决定在年底举行调酒技术比赛,张丰和李伟两个人当中谁的调酒技术高,谁就是酒厂技术部的主管。

张丰接到通知后,并不是潜心钻研调酒技术,而是上下疏通找门路。

原来,他本身调酒技术一般,完全是靠他舅舅的关系

第四章 如何依靠新空间取得成功

才进厂的。于是张丰找到舅舅,让他帮忙想办法。他舅舅以为自己是财务部主管,谁也不敢得罪,就派厂里的小王在李伟的调酒器皿上抹苦瓜汁。

到了比赛的那天,李伟所调制的酒中苦味太浓,被淘汰了。而张丰的酒却入口绵甜,清洌香浓。

张丰调酒技术一般,怎么调出了这么美味的酒呢?原来,张丰早就花钱请人调好了,比赛时才拿出来。比赛后,张丰做了技术部主管。

赛后,李伟知道张丰和其舅舅在捣鬼以后,心中十分气愤,但隐忍不发,终日闷头研究调制技术。

后来,张丰被派到省里参加调酒大赛。他技术上根本不过关,并不能为酒厂争得荣誉,厂长没有办法,只能把李伟派去。

由于李伟整天钻研,所以他调制出来的酒得到了在场专家的一致好评,获得了最高的奖项。

回来后,厂长将张丰辞退,并弄明白了当初厂里比赛的真相,撤换了财务部主管,让李伟负责全厂的调酒技术。两年后,李伟被调任副总经理,掌握了酒厂的一半股份。

李伟之所以取得后来的成就,和他当初隐忍不发有很大的关系。

当他知道张丰和其舅舅捣鬼以后,不是火冒三丈非要找他们理论,而是忍辱负重,期待着有朝一日真相大白,重新夺回本该属于自己的东西。

如果李伟当时把矛盾公开,跟张丰挑明的话,恐怕李伟在张丰和其舅舅已经营造好的关系网中得不到一点儿好处。

做人一定要三思后行,就像走在薄薄的冰面上,稍不留意就会落入冰窟。

能屈能伸是一个人的胸襟问题,若是达到了屈伸自如的境地,那世界上就再也没有困难、挫折、厄运和耻辱了,一切都在屈伸的转换中化作奋起的力量,去捕捉前方更大的成功。

坚韧才是求胜之道

不想当将军的士兵不是好士兵,不想当老板的员工不是好员工。

当老板是上班族的职业理想和终极目标。

你经历了职场的不同境界,痛苦过,彷徨过,哭泣过,失望过,一切滋味尝尽,一切境况走过,现在,你要扭转身形,华丽转身,向着更高、更强,向着长久以来一直成为"噩梦"的目标转变。

那就是成为老板!

你成功地控制住了你的情绪,你懂得了职场抱怨的艺术,你掌握了跳槽的技巧,你以为你修炼得可以了,你觉得可以像杜拉拉一样,在职场上纵横捭阖,无往不胜!

可是我告诉你,那些只是艺术、技术,不足以让你成功蜕变。如果你想实现梦想,你还需要强大的精神、坚强的内心!

记住:韧性无敌!坚韧才是为鏖战职场提供动力支持的强大武器!

你知道拿破仑在滑铁卢一役是被谁打败的吗?

答案是英国的威灵顿将军。这位打败英雄的英雄并不只是幸运而已,他也曾尝过打败仗的滋味,并且多次被拿破仑的军队打得落花流水。

其中最落魄的一次,威灵顿将军几乎全军覆没,只好落荒而逃,迫不得已藏身在破旧的柴房里。

在饥寒交迫中,他想起自己的军队被拿破仑打得伤亡惨重,还有什么面目去见江东父老呢?万念俱灰之下,只想一死了之。

正当他心灰意冷的时候,突然看见墙角有一只正在结网的蜘蛛,一阵风吹来,网立刻被吹破了,但是蜘蛛并没有就此罢休，它再接再厉，努力吐丝，又重新结网。

好不容易又快要结成时，一阵大风吹来，网又散开了，但蜘蛛毫不气馁，转移阵地又开始编织它的网。

像是要和风比赛一样，蜘蛛始终没有放弃，风越大，它就织得越勤奋，等到它第八次把网织好以后，风终于完全停住了。

威灵顿将军看到了这一幕，不禁有感而发，一只小小的蜘蛛都有勇气对抗大自然这个强大的劲敌，何况自己是一个堂堂的将军，更应该要奋战到底，怎能因为一时的失败而丧失斗志呢？

于是，威灵顿将军接受了失败的事实，并且重整旗鼓，苦心奋斗了七年之久，终于在滑铁卢一役一举打败拿破仑，一雪当年的耻辱。

由此可知，威灵顿将军赢在了坚韧不拔的品格上。

"韧"字的含义是：百折不挠，勇往直前。人如果没有一股韧劲，干什么都不会成功。职场上也是如此。

世界上如果说有一种药能够救人于失败落魄的境地，那么这剂药的名字就叫"坚韧"。

坚韧能成就人生，成就职场理想，成终极目标。

你大概也曾看过这样一段文字："你是鸡蛋还是胡萝卜？假设鸡蛋和胡萝卜是两个人，他们同时面临着被水煮的命运，而他们的反应是不一样的，鸡蛋被水煮过之后，蛋清与蛋黄凝固，比先前还要硬。而胡萝卜却没有了先前的脆，而被软所代替。物犹如此，人何以堪？有的人在困难面前展现了他的坚韧，打败了困难；有的人则在困难面前畏惧、退缩，一事无成。"

职场上，你是想做鸡蛋，还是胡萝卜？

伊利诺伊贝尔电话公司原有员工2.6万名。由于国家经济政策的巨大调整，在1981年的一年内，该公司裁员将近一半。留下来的员工面临很多的变化，包括工作岗位、公司目标以及主管领导等。比如，一位经理就说，他在一年间经历了10位不同的主管。

马迪博士和他的研究团队在裁员之前对该公司的400位主管、经理和执行官进行了调查研究，并且一直跟踪到1987年。

他们发现，在经济政策调整带来的巨大压力之下，大约2/3的被调查者经历了严重的行动力、领导力和健康水平下降，包括心脏病、肥胖、抑郁症、药物滥用及行为评定能力低下。另外1/3的人虽然经历了同样令人崩溃的压力事件，却保持了旺盛的精力。这些职员很好地保持了他们的健康水平、幸福感和行动力，并且感到了重新燃起的热情。

在同样的环境条件下,是什么让人们表现得如此不同?

马迪博士发现,那些保持了旺盛精力的职员们拥有三种关键的"韧性"——坚持、控制和挑战,帮助了他们把不幸转化成机遇。

坚持的态度帮助职员努力参与到正在发生的事件之中,而不是感到被隔离在事件之外;

控制的态度帮助职员主动地影响事件的结果,而不是被动地等待结果;

挑战的态度帮助职员把压力看成是一种改变,无论是积极的还是消极的,都会是新的学习机遇。

因此可知,要想完成华丽转身,完成质变的飞跃,缺乏这股韧劲,恐怕是此路不通。

允许空间有新陈代谢

职场空间的代谢从受气开始

受气是职场必经的阶段,谁都绕不过。

你初入职场,处处懵懂,免不了挨批评,受教训。人嘴吃盐,说什么的有,有你爱听的,有你不爱听的。当话不悦耳时,你自然要生气。情有可原,但于己不当。

老板知道自己要什么,利润实在是最关注的东西,执行力是他的"妻子",当你这个阅历很浅的上班族与他的意愿相违背时,你肯定要挨罚受辱,因此大感委屈,嘴上怨声不断。

情绪化问题便出现了。

因为你没经验,所以允许你生气。如果你在职场历练若干年了,还是容易动怒,那么,你这些年就是白混了。

要知道,在职场上生气也讲艺术。

在古老的西藏,有一个叫爱地巴的人,每次生气或和

你的空间有多大　Money&You

人起争执的时候，就以很快的速度跑回家去，绕着自己的房子和土地跑三圈，然后坐在田地边喘气。

爱地巴工作非常勤劳努力，他的房子越来越大，土地也越来越广，但不管房子和土地有多大，只要与人争论生气，他还是会绕着房子和土地跑三圈。

爱地巴为何每次生气都绕着房子和土地跑三圈？

所有认识他的人，心里都有疑惑，但是不管怎么问他，爱地巴都不愿意说明。

直到有一天，爱地巴很老了，他的房子和土地又已经变得非常大了，他生气了，拄着拐杖艰难地绕着土地跟房子，等他好不容易走三圈，太阳都下山了，爱地巴独自坐在田地边喘气。

他的孙子在身边恳求他："阿公，您已经年纪大了，这附近也没有人的土地比您的更大，您不能再像从前，一生气就绕着土地跑啊！您可不可以告诉我这个秘密，为什么您一生气就要绕着土地跑上三圈？"

爱地巴禁不起孙子恳求，终于说出了隐藏在心中多年的秘密，他说："年轻时，我一和人吵架、争论、生气，就绕着房子和土地跑三圈，边跑边想，我的房子这么小，土地这么小，我哪有时间和资格去跟人家生气。一想到这里，气就消了，于是就把所有时间用来努力做事。"

第四章　如何依靠新空间取得成功

孙子问道:"阿公,你年纪老,又变成了最富有的人,为什么还要绕着房子和土地走?"

爱地巴笑着说:"我现在还是会生气,生气时绕着房子和土地走三圈,边走边想,我的房子这么大,土地这么多,我又何必跟人计较。一想到这,我的气就消了。"

故事很浅显,道理却令人深思。

生气有好处吗?如果能给你带来加薪升职,那你就什么都不用做了,也不用加强专业技能,不用扩充知识,只坐在那里生气,气鼓鼓的就好了。可是,那行吗?

不行!

生气不但于事无补,反而会带来恶劣的影响。气急败坏永远都是人生的大敌。

因此,在职场受气阶段,你要知道如何引导那股不平之气和委屈之气。不妨学学藏族智者爱地巴,想个巧妙的方法把这股怒气化于无形。

当然,最重要的还是要明白生气的另一番含义。

你生气了,发泄完了,你应该有所思考。这就为空间的新陈代谢提供了契机。

当你沉静地坐下来,想一想生气的理由,以及从生气中反省而得到的道理,就会发现,你的职场生涯正面临着改变。

是应当思考下一步的时候了！是继续留下，还是另谋高就？留下的话，你应该怎么改进与老板的关系？怎么改善办公室组织的僵化关系？怎么提高自身的素质和效率？怎么结交新的朋友，为将来的出路做伏笔？

当这些思路和想法在你头脑中盘旋、挥之不去的时候，恭喜你，你的空间代谢正在建康而有力地进行着。

因为你在为你下一步的计划做打算，而这就是空间代谢的起始阶段。

容忍是空间代谢的能量积累

下面进入空间代谢的第二阶段：比拼耐力，厚积薄发，也被称为容忍阶段。

历史经验告诉我们：能忍者得长存！

忍不是屈服于命运，而是保存力量，积蓄实力，等待厚积薄发的那一天！

困苦、伤痛、艰难、挫折、孤独、寂寞……几乎每一个人，在人生的旅程中都会历经这样的磨难，当你不甘心命运的安排但又不能扼住命运的咽喉之时，你必须也只有学会忍耐。

忍耐是职场的一堂必修课。

无论何时，无论何地，我们都会遭遇它。忍字头上一把刀，忍耐的过程是漫长的，忍耐的感受是痛苦的，所以忍耐本身也是一件艰难的事情。如果你不忍耐，你的职场生涯将会是一片苍白甚至不堪一击。

在职场中，老板可能无缘无故地指责你，不是你做得不好，而是你的行为背离了他的意愿；你的同事可能不理解你，偏执地对待你；你在办公室里，如芒在背，忍受着不堪的办公室政治，同事与同事之间、上下级之间的钩心斗角，让你力不从心。

以上种种，让你感到很困惑，不知道出路。

其实，做人做事，先比才能，再比智慧。如果才能不足，智慧用尽，那就比耐力吧。

耐力是个职场金刚钻，凿去表面浮躁的心态、片面的眼光、纷繁的过眼云烟，用心于自己所确定的目标，就没有理由不成功。

一个年轻人去拜访英国著名作家毛姆。

年轻人很钦慕毛姆的才华，想拜他为师，学习写小说。

毛姆说："你真的想拜我为师吗？"

年轻人说："是的。这个想法在我的脑子里已经装了很久了。"

毛姆神秘地一笑："要想成为我的徒弟，必须要经过严格的考验。你愿意接受我的考验吗？"

年轻人坚定地回答："愿意。"

于是，毛姆把他领到了一个破旧的屋子里，说："看墙上的字吧。没有经过我的允许不准出来。"

破败的屋子里除了一张床什么都没有。屋子里面光线很暗，墙上的字也模糊不清，年轻人看了一半就看不下去了，搞不清楚毛姆为什么这样对待他。

他在屋子里面走来走去，后来觉得实在无聊，就躺在床上睡起觉来。

快到天黑的时候，他终于忍不住了，走出屋子，找到了毛姆，问："为什么要我在那里面待着？我是来学写小说的！"

毛姆说："你走吧。你不配当我的徒弟。屋子里面墙上的最后一行字是我写小说的秘诀。我给了你快一天的时间，你居然看不出来。你连这点儿耐心都没有，还有什么资格写小说。一个成功的作家最基本的素质就是耐性，必须忍耐孤独。因为，当你创作的时候，你几乎与世隔绝。你还必须忍受清贫，在你成功之前，没有人为你的小说付版税。看来，你不具备作家的基本素质，你不可能写出好的小说。你还是另择高明吧！"

第四章 如何依靠新空间取得成功

职场也是一样。考验无处无时不在。

老板除了骂你、压迫你、剥削你之外，还可能随时随地考验你，考验你的能力、你的素质、你的胸怀、你的志向；同事也会考验你，考验你的交际能力、合作能力、集体心和向心力。总之，你若不忍耐，你若急躁暴戾，你将步履维艰甚至寸步难行，最终被淘汰。

人处职场，时时刻刻都在忍受，那么就让所有的痛苦都在忍受中予以淡化，让所有的委屈都在忍受中得到沉淀，让所有的眼泪都在忍受中化作一缕轻烟，让所有的怒气都在忍受中渐渐平息，转化为崛起的动力……

职场上的艰辛在所有上班族的心中埋下了太多的隐痛。忍耐可以使人相信，风雨过后必见彩虹。忍耐，不是消极颓废，在沉默中我们积蓄力量，等待迸发的那一刻。

容忍的劲头就是空间代谢的临界，一个灰头土脸的茧蛹不见了，一只色彩斑斓的蝴蝶即将破茧而出，翩翩飞舞。

代谢的极致就是跳槽成功

你知道我们为什么说"跳槽成功"而非"成功跳槽"吗？因为两者有着本质的区别。跳槽成功说明空间代谢的阶段性完成，而成功跳槽可能是从一个不如意的境地跳到另一个不如意的境地。

跳槽成功说明之先的生气和容忍有了善的结果,成功跳槽则只意味着挪了一个地方。

跳槽是职场上最复杂的一项运动,其结果决定了职场命运。

跳槽是机遇与风险并存。首先,你要清楚,在生气的状态下,愤然辞职,最终是自己吃亏。辞职后还是未能逃脱情绪化的藩篱。因为出发点是幼稚的,结局也不会好。

你要识趣,你的愤然辞职对公司、对老板根本不会产生任何影响,更不用说损失了。为什么?让我们说一个以前的一个笑话。说有人在北京街头扔一块砖头,砸中十个人,其中九个本科,一个硕士。这种比例虽然会变,但其反映出人才过剩的情况却是赤裸裸的现实。

其次,你有没有职业规划,你有没有确定的把握?如果没有,跳应槽慎重。

看过《杜拉拉升职记》一书的人都知道,杜拉拉是在不动声色地找好工作的前提下,才潇洒地辞职的。她花了半年多才找到新工作,都是瞒着领导,瞒着公司进行的。

书中高级销售代表苏浅唱跳槽一例也能佐证这一点。由于要求内部调动工作,得罪了许多人,但苏浅唱也是先找工作后辞职的。苏浅唱懂得即便自己已有耍赖似的形象,她也坚持留在公司。有了这个缓冲期,她最终成功找到了新工作。

可见，凡事预则立，不预则废。也可以说，职场上不打无把握之仗。你若是没有头绪，没有下家，请暂息雷霆之怒，忍耐忍耐，百忍成钢。

跳槽的智慧就是骑驴找马，但也可能不幸运，骑驴找的还是驴，甚至是牛。不过，你要是先找好了下家，跳槽相对就轻松多了。

再次，跳槽不是儿戏，要做好充分准备，一句话，你的技术要过硬。

还是以杜拉拉为例。她是美女员工，陷入公司的桃色新闻中，提拔过自己的上司因此辞职，她自然被冷藏，因此，跳槽就成了迫在眉睫的事情。

杜拉拉紧张地搜集各类符合自己职位的招聘信息，半年之后，她终于发现一家叫SH的世界500强公司招聘C&B经理，岗位要求有两年以上经理工作经验。

这正是她理想中的职位，虽然职位要求过高，但结果却是，她竞聘成功了。

从杜拉拉的经历可知，跳槽不是一蹴而就的事情，需要耐心和细心，要预留给自己充足的时间，按照自己的职业理想，选择合适的机会；一旦有了这样的机会，就要在应聘心理、面试技巧上下足工夫。

细节决定成败，这句话在任何时候都不会过时。如果你在战略决策上没有问题，而输在应聘、面试这些技巧性的细节上，你会悔恨很久。

另外，盲目跳槽是每个上班族都应该杜绝的。

张庆是2008届毕业生，毕业后在一家服装公司做销售。他曾听人说，对刚毕业的大学生来说，第一份工作往往都只是一个跳板，不可能做长久的。他觉得很有道理，刚毕业不应该"把自己定位太死"，应该多尝试其他工作。

上班没多久，他就觉得销售难做，立即跳槽找了一份网管的工作，但没多久，他又觉得在网吧上班说出去不好听，所以又换了一份工作……

于是，半年内他换了4份工作，现在又失业了。

他很想尽快找到那份可以让自己干一辈子的工作，但让他郁闷的是，他找到的似乎都只是晃晃悠悠的跳板。

更让他郁闷的是，现在连晃悠的跳板也不是那么好找了。

这是一个典型的适得其反的例子。

一个人想在一段不能回头的旅途中摘取最大最美的果

实,一路上,他扔了很多果实,因为他总觉得最好的在后面,结果他发现后面的果实越来越小。

张庆的遭遇就是如此。

因此,奉劝上班族,"一跳了之"绝非良策。脚踏实地地做好手头的工作,然后充分准备,积极面对,才是正道。

如果你的情况到了非要跳槽不可的程度,请务必做到"一跳成功"。

一跳成功,意味着你完成了空间的新陈代谢,可以歇一歇,缓口气了。

可是你不能有一劳永逸的想法,那很危险。职场不会停滞不变,你的空间也不可能变成死死的标本。

请你记住,英雄谋时而动。你的空间也要随着环境的变化,完成一次又一次的新陈代谢,只有这样才能塑造一个成功的你。

你的空间有多大 Money&You

掌握提升和完善空间的能力

最大前提：学会情绪控制

提升空间，就必须学会管理情绪。

不可否认，成功的职场人士都是情绪控制的高手。他们不为自己的坏情绪所左右，能够及时跳出坏情绪的怪圈，最终战胜它，成为一个出色的人。

高山雄姿，既有上可摩天的顶峰，也有百转千回的低谷。然而，职场成功者绝不容许自己的情绪出现这样的波动，任何情绪的顶峰和低谷都是不安全的，因此需要杜绝。

如何控制情绪，是提升和改善职场空间的重要课题。

拥有良好稳定的情感自制力，是一个高效率的成功团队和它的领导者应该具备的素质。一个情绪敏感波动、性格反复无常的上班族，不足以应付职场中的各种复杂局面。

小文遇到了一个年龄比她大的同事。这位同事既焦虑

第四章 如何依靠新空间取得成功

又脆弱，而且很情绪化，动不动就会发脾气，稍不顺心还会发牢骚。小文跟她交往，感觉很累。

小文还发现，这个同事喜欢占小便宜，并且喜欢拉帮结派，打小报告。所以小文看她越来越不顺眼。在跟她的交锋中，小文数次败下阵来，为此经常哭鼻子。

好友劝她，那个人是更年期，不要和她一般见识。

同事开导她，这样无所顾忌的人，一定是有所依仗的，你看我们都躲着她、让着她，你不要和她冲突，小心哪天被领导炒鱿鱼。

就这样，小文开始"腰酸背疼"，开始迟到，一想到要去工作，心情就变得阴霾。

考虑到自己的职业前景，小文决心改变。

她学习情绪控制的技巧，比如在冲动的时候不做重大决定、激动的时候在心里默数数字，等等。但是，每次听到对方对她工作的指责，她还是忍不住还击，因为在她看来，那是对她人格的侵犯。

在同事的"刁难"中，小文不知不觉得到了成长。她的情绪控制能力明显增强，也变得更加细心、耐心。同时，在一次次摩擦中，她和同事的合作逐渐顺畅了起来。

她发现，那个同事其实非常敬业，虽然有怨言，但是工作也做得非常好。因为工作性质不同，思维方式不同，

你的空间有多大 Money&You

因此她们对待工作的标准也不同。

后来，小文在把自己的工作做好的同时，尽量考虑对方的需求，给对方开展工作提供力所能及的便利。

于是，她们的合作开始愉快了，工作效率大大提高。

道理很简单，走上职场坦途的第一步，就是对自己的情绪进行管理。

身处职场，逆境多多：业绩不佳，创新无门；上司批评，下属埋怨，同事嫉妒。遇此不爽，一则拍案而起：老子不干了；二则从此懈怠：老子休息了。更有甚者，一个团队中大家互相影响，同进同出，集体辞职了。

这些看似很有性格的举动，实际上是很愚蠢的。

任何老板都不会欣赏这样的员工。在他们的眼中，员工有点儿个性，闹个情绪，属于人之常情。但人不能随心所欲，要学会控制。只有这样，才能理性地处理职场上的问题。

俗话说："人在江湖，身不由己。"如今，在一个充满博弈和谋略的商业氛围里，它需要的是基于理性分析的决策和选择，要不得半点儿率性而为。

这样的事实你必须承认：身处职场，你实在没有多少可以情绪化的资本。换句话说，你能为情绪化所付出的价码是不是少得可怜?

如果因情绪化离开奋斗的职场,你将无法东山再起,如果情绪化已成了你的职业习惯,你终将一事无成。

如果你是老板,你应该知道你的情绪不是自己的。这样的观点也许你第一次看到。

不过,这么说一点儿也不夸张。老板是组织代表,他的情绪直接关联整个职场。如果他感情外露,反复无常,领导效果往往适得其反,令团队损失惨重。

老板的情绪化会给团队一种错误的示范,降低他在团队成员心目中的可信度。

总之,如果你的情绪失控,就会失去理智,就会使你落后于对手。冲动是魔鬼,是上帝为了毁灭一个人而提前给他的疯狂礼物。

职场奋斗者请切记:摆脱情绪化,主宰自己的情绪!说到底,就是摆脱情绪化,迎接平和和理性。

说易行难,真正能够走出情绪化的人,才是未来职场上笑傲风云的人物。

智慧与努力:学会借力

要提升和完善你的空间,你就要学会借力,借助一切有利条件帮助你完成空间的提升。但问题在于,你会

智慧与努力 学会借力

第四章 如何依靠新空间取得成功

借吗？

乍看这个问题，你也许会觉得很好笑。你一定会说，我会借，但能不能借来，就两说了！是啊，借是世上最难的事。

不过，你要清楚，借钱、借物都是小事，不值一提，即使别人不借你，也没什么大不了。但是，有一种东西如果你不会借的话，那就不好了，因为这可能会让你一辈子窝囊。

这种珍贵的东西叫做"势"！

职场要借势。你会吗？

要知道，老板们都是借势的高手，哪怕他们起初一穷二白，要钱没钱，要人脉没人脉，要资源没资源，但他们都忍耐着，眼睛睁得大大的，犀利地盯着形势、趋势、情势，一旦他们可以凭借、驾驭的契机到来，他们便决然出击，从而大获成功。

因此，你要提升而成为老板，就要学会借势而上。

一般借势，分为两种情况：一为借力打力，瓦解内部分裂因素；二为借势而起，抓住机遇，壮大自我。

前者是对办公室政治而言，后者是对公司的生存而言。

借就意味着引导别人的力量来加强自己的力量，引导

你的空间有多大　Money&You

有害的力量向着有利于自己的方向发展；变有害为有利，变被动为主动。

职场环境和办公室政治中，人人彼此依存又彼此斗争。如何转动这个圈子，使之大大有益于自己，是一门深奥的学问。

无论是借势还是乘势，最终的目的无外乎胜利——把劣势转化为优势，变主动为被动，使事情朝着有利于自己的方向发展。

办公室里部门经理间，或同一部门的正副手之间，都存在着斗争，有明有暗，有缓有急，有轻有重。

你会以为，老板浑然不知，一点都没有发觉吗？

其实你哪里知道，老板在观察，在等待，他在瞄准合适的时机。一旦斗争到了白热化阶段，或是有了实质性的利害，妨害了工作环境、进行了人身攻击、阻碍了公司的正常运营……老板就会果断出击，借力打力，一举将这些问题解决。

记住，有势可借，绝不要手软。因为"借"关系着职场的前途和命运，谁都不敢怠慢。

如果你处在摸爬滚打阶段，处处都在老板的控制之下，如何摇身一变，成为老板一族？提醒你要警醒，要时刻留心可以"借"的机遇。

第四章 如何依靠新空间取得成功

"借"的本领不是与生俱来的,而是经历风霜雨雪、苦难艰辛,慢慢学习积累而来的。

这里有一个哲理故事,正好可以说明,借而成功绝非一朝一夕、一笑一乐之间就能得到的。

有一个小男孩,在一次车祸中失去了左臂。虽然如此,他依然很想学习武术。

后来,小男孩拜了少林寺一个武僧为师,开始学习武术。由于聪明好学,他学得很不错,但是半年过去了,武僧翻来覆去只交给他一招。小男孩不明白这是为什么。

有一天,小男孩终于忍不住发问:"师父,为什么只交给我这一招啊?要不要教些新的招数?"

武僧说:"用不着,这一招足够你用。"

小男孩虽然很迷惑,但却很相信武僧的话,就下狠工夫,勤学苦练这一招。

又过了半年,武僧带小男孩去参加武术大赛,小男孩没想到自己轻松就赢了前两个回合。第三回合稍有些困难,但对手还是很快就变得焦躁起来,犯了练武人的大忌。小男孩看出了对方的破绽,施展武僧教他的那招,又取得了胜利。小男孩因此进入了决赛。

决赛时的对手比小男孩要高大得多,也强壮得多。小男孩因为经验方面的欠缺，曾一度有点儿招架无力，裁判担心小男孩会受伤，就叫了暂停并打算终止比赛。

然而，武僧却不答应，要求坚持下去。

比赛重新开始后，对手放松了戒备，小男孩立刻使出武僧教给他的那一招，制伏了对手，取得了这次武术大赛的冠军。

回家的路上，小男孩回忆着比赛的每个细节，鼓起勇气问武僧："师父，为什么我会凭借这一招赢得比赛呢？"

武僧答道："有两个原因：一是你基本掌握了初涉武学的第一招；二是对付这一招的唯一方法就是抓住你的左臂，而你的左臂却因车祸失掉了。借势，变劣势为优势，孩子，这才是你要学习的。"

在职场上初出茅庐的你，是不是也要学一学借势？

"借"，转变，因势利导，变劣为优。慢慢地，你就会走出一条精彩的成功之路。

学会了"借"，你就掌握了提升空间的规律。上班族把自己的空间，逐渐发展成为一个老板的空间，其中的奥秘大多在这个"借"字上。

期待质变：建立强大的执行力

最后，提升和改善空间的决定性因素在于执行。

你学会了控制情绪，你懂得了借的奥秘，那么接下来的就是把你所学的、所知的运用到日常的职场生涯中去，执行它！

做老板的都注重执行力的建设，甚至有的老板宣称，对于一个企业家来讲，执行力是妻子！没有这位贤内助，公司领袖不可能取得成功。

生意场上的险恶并不次于波涛旋涡，要知道头脑中的知识与现实生活中的惊涛骇浪是不能画上等号的。只有具有强大的实战能力，才能用自己头脑中的学问去和生活中的惊涛骇浪对抗。

这种竞争力的核心就是强大的执行力。

老板们毫无讳言，把执行力看做妻子——生命中的另一半，可知是有感而发。他们深刻地了解，没有执行力，一切伟大的想法、战略、策略，都等于零。

既然执行力最重要，那么什么样的执行力才称得上是真正的执行力？

记住：蛮干不是执行力，理性的执行力才具有效力，才能真正提高效能。

关于执行力，有这么一个故事：

一位老板叫下面的员工去买复印纸。员工应声而去，买了三张复印纸回来。

老板大叫："怎么就买了三张复印纸？怎么够，我至少要三摞。"员工第二次就去买了三摞复印纸回来。

老板一看，又叫："你怎么买了B5的，我要的是A4的。"员工又跑了出去，买了三摞A4的复印纸回来。

老板骂道："怎么买了这么长时间才买好？"

员工回答："你又没有说什么时候要。"

只不过是买复印纸这么简单的一件事情，员工跑了足足三趟，老板也生气了三次。

老板摇头叹道："员工执行力太差了！"

员工心里也埋怨："老板能力欠缺，连个任务都交代不清楚，只会支使下属白忙活！"

可见，问题双方各有责任。老板指示不明确，员工也没有站在上司的角度想这个简单的问题——去买复印纸之前，应该就去相关部门了解一下平时都用什么类型的纸，一般一次要采购多少，然后再行动。

因此，我们说，理性的执行才是真正的执行！

老板也应该清楚，如何下达指令，才能让下属和员工有效地执行。试问上面那位老板，怎么就没有根据不同的对象发布不同的指令呢？

新员工、老员工、A部门的员工、B部门的员工……领悟力不同，接触范围不同，执行力自然有异。

有人认为，职场上最佳的状况，就是上司有计划，下属和员工有强大而理性的执行力。

然而，事实并非如此。越是上层越要有执行力，中下层当然也要分毫不差。其实就是一句话，公司上下不分级别，都要有强大而理性的执行力。唯一的差别在于分工不同。

老板作为公司领袖，其执行力应着重于企业文化建设。

海尔集团首席执行官张瑞敏做的最重要的事情就是创造了海尔文化。社会在发生改变，人的价值观也发生了深刻的变化，我们人人都追求财富，要打造执行力，就要创造企业的执行文化，创造执行环境。

这叫建设公司的软实力，包括企业文化和企业环境。

什么是文化？且看一例：

德国人开车，就算没有交通警察，也一样乖乖地遵守交通规则。据说，曾经有个德国人，半夜来到十字路口，当时风雨交加，这里没有人，没有电子警察，于是他闯了红灯。结果第二天，他就被警察局传唤了。

原来，一位路过的老太太发现他闯红灯，举报到了警察局。第三天，保险公司来电话了："我们要把你的保险费率增加6%。据我们调查，你是一个危险人物。"又过了几天，银行打电话来了："你的房子需要提前还贷。因为据我们调查，你这个人不讲规则。"

这就是文化。老板的执行力就是要打造这样的文化。能够使员工在企业文化的激励和约束下，高效运转，铸造辉煌。

员工应该怎么做呢？行动起来！

某保险公司的业务员张三，承诺24小时服务。一天，有人半夜里打他手机，他很热情地接起电话："您好！我是张三，很高兴为你服务。"

但是，对方没有说一句话就挂断了电话。如此反复了几次，张三耐心地接听了每一个电话。

第二天早上，张三接到了当地一位著名企业家的电话。原来，前一天晚上的骚扰电话，正是这位企业家特意安排的。

张三兑现了他的承诺，企业家向他道歉的同时买下了500万元的保险，还承诺以后公司要买保险都找张三。

员工一定要行动起来，坚持不懈，才能创造良好业绩。

要知道，执行力是一个组织的执行力，而不是一个人的执行力。打造执行力，就要把握好管理团队适度的级差，老板下属，齐头并进。

无论是对于普通的上班族，还是对于一个企业的领袖，执行力都是不可忽视的因素。谁娶了执行力这位"妻子"，谁就能在提升和改善空间上占据主动。而这意味着未来的成功正在向你招手。

你的空间有多大 Money&You

空间使用法则

空间的叠加效应——1+1>2

你认识张三，张三认识李四，后来你通过张三，和李四成为好朋友。

这是一个简单的朋友关系逻辑图。顺次循环的顺序，使得我们的关系网在编织中不断扩大。

但是我们要探讨的不是朋友发展的关系史，而是通过这个简单的例子，说出了一个职场空间的奥妙之处：空间的叠加效应。

10年前，陈胜在国内一家著名的建筑公司工作，负责中标项目电器设备的采购。

在负责一家国家大型场馆项目的设备安装时，一个国内不知名开关厂的技术负责人叶茂琛和销售人员亲自登门拜访，游说陈胜采购他们公司生产的产品。

陈胜对于这家工厂生产的产品并不感兴趣。在他的潜意识里，国内的产品都是复制抄袭国外的先进产品，并且学得不伦不类，质量上与国外产品相差甚远。还是国外的那些大品牌更让人放心，尤其是应用在这种大型项目上。

于是，陈胜耐着性子跟对方寒暄几句，就起身送客了。

没想到对方的技术负责人并没有放弃。此后，时不时地给陈胜打来慰问电话，有时候还请教交流一些技术问题。慢慢地，陈胜对叶茂琛产生了好感。

在一次聊天中，叶茂琛告诉陈胜，最近他正在打算研制一种新的产品——落地开关保护插座。

他说接地故障断路器是美国政府为保护居民人身安全而强制推行的安全装置，一套住宅中必须要安装8只以上接地故障断路器产品，而且每两年必须更换一次，具有巨大的需求市场。如果将来量化生产后专门出口美国，将创造巨大的经济效益。但是现在的问题是缺乏资金，使研究陷入了困顿。

由于常年负责电器采购，陈胜对电器市场的了解颇为深厚。尽管在技术上还达不到专业程度，但是敏感的商业嗅觉使他觉得这是一个机遇。

经过深思熟虑后，陈胜决定筹集资金支持叶茂琛的研究工作，前提是将来产品研发成功后，他拥有该技术专利的唯一使用权，在专利有效期内不得再转让他人。而作为交换条件，专利拥有者叶茂琛获得公司所有股权的20%。

经过两年的艰苦研发，新一代落地开关保护插座终于研制成功，并顺利获得专利。很快这项技术投入生产，并迅速打入美国市场。经过近10年的发展，目前该产品在美国已经站稳脚跟且销量一直很好。

如果当年陈胜不负责公司的采购，而叶茂琛不去找他推销产品，也许，陈胜还在做采购，而叶茂琛也还是一个技术工作者，那么他们也就不会有了如今的巨大财富。

可见，是双方职场的关联性，为双方的合作提供了难得的机会。

最关键的是，双方将职场的空间进行了合作，使得独立的两个空间叠加，产生了1+1远大于2的多倍效应。这就是职场空间叠加后的效果，值得我们深思。

当你站在喜马拉雅山脚时，你才能够近距离地观看珠穆朗玛峰。而如果想要看得更清楚、更全面，那么只有站在山顶上。

职场空间也一样。

当你拥有了空间时，你只是能够有机会去窥看另外一个领域的情景。而如果你意识到对方空间的重要性并且意欲看个究竟时，那么只要往前走走，就有可能看到全景。

这种全景带给你的冲击力，远非管窥蠡测般的肤浅，而是会更加深刻，给你带来更加意想不到的结果。

空间的边际效应——生活空间提升职业空间

很多职场人士在追求一种近乎苛刻的理想生活：工作就是工作，在公司的8小时之后，我不想占用更多的时间，更不想它与我的生活产生太多的关系。

这种想法本无可厚非，毕竟我们的生活已经被无休止的加班侵占了很多。

但是，生活和工作并非简单的对立，无法调和，有时候生活和工作可以相互促进，和谐发展。

空间的边际效应无时无刻不存在，只要我们用心去感受，你就会发现它的惊奇与美妙。

我们不能怀疑这样一个事实，生活空间可以提升职业空间。

也许一次偶然的相遇、一次单纯的饭局，或者是一次朋友组织的郊游，都会在不经意间给你带来意料之外的收获。

张延2008年夏天通过国家司法考试，来到一家律师事务所担任律师助理。

你的空间有多大 Money&You

这家律师事务所云集了国内各个领域的大牌律师,作为初学后进,张延来律师事务所快一年的时间了,也没有独自代理过案子。为此,张延很郁闷,甚至怀疑自己当初是不是选错了职业。

2009年,张延在父母的资助下在北京购买了一处房产,在房子建好后入住。大城市的人普遍患有感情冷漠综合征,人与人之间的隔阂阻碍了人与人之间的交往。就算是邻居之间,在生活中也很少有交集。

但是生活往往比较感性,会时不时地给你制造彼此认识和了解的机会。

该楼盘开发商在卖房子时,承诺小区的绿化面积达到30%。但是等业主们入住时才发现,实际绿化面积不足20%,大部分公共绿地被用来修建商业设施。

于是业主们纷纷在论坛上发布帖子,声讨开发商,并且建议成立业主大会,向开发商维权。

出于职业的习惯,张延在论坛里表现很活跃,时不时将一些相关法律条例和规定上传至论坛,并就案件的程序问题一一进行了解答。

在大家的鼓动下,张延被大家一致推举担任对开发商案件诉讼的代理律师,将开发商起诉到法院,要求就违反承诺、侵占小区绿地一事进行整改或者赔偿。

由于事关自身和大家的利益，案件没有律师代理费，诉讼费用由所有业主筹集资金解决。尽管分文无取，但是张延还是兴奋不已，乐此不疲。毕竟这是他工作以来接的第一个案子，并且还是为了维护自己的合法权益。

因此，张延尽职尽责，想尽一切办法搜集证据。

由于当初开发商在销售时只是口头承诺，虽然在宣传册中有所涉及，但是并没有将上述内容写进合同之中。因此，宣传册能否作为铁证呈送法院，大家心中没有底。

张延经过认真查阅相关法律文件后认为，尽管当初业主与开发商签订的合同里没有注明，但是小区绿化面积作为开发商宣传的一个噱头，在宣传册中有所体现，已经证明开发商在这方面有承诺，可以作为合同成立的一个要件。

为了增加其证据的可信性，张延还通过套近乎、请客、泪水感化等种种手段，"买通"了已经改行的楼盘销售人员，让其出示了证言证词，并答应出庭作证。

鉴于案件的复杂性，张延决定采取个案判决影响集体诉讼的方式，决定自己先打官司，待法院判定后再进行集体诉讼。

案子开庭那天，几十位业主前来旁听。

法庭上张延口若悬河，旁征博引，将开发商代理律师

你的空间有多大 Money&You

批驳得哑口无言。

经过审理，法院认为绿地是销售楼盘不可或缺的一部分，开发商事先有承诺，并以此作为销售噱头，理当兑现承诺。但因为现在商业设施已经建完，拆除起来较为困难，因此判决开发商赔偿张延人民币2000元。

张延的官司打赢后，又替其他业主打了集体诉讼官司。由于自己官司已赢，因此法院很快就判决其他业主胜诉。

这下子张延在小区成了名人。业主们有什么法律咨询或者案件，都纷纷来找张延，一家在外企工作的业主还介绍张延做了自己公司的法律顾问。

如今的张延再也不是那个一年接不到案件的"实习生"了，事业干得风生水起。

可见，生活空间实际上与职业空间有着千丝万缕的联系，只要你用心地去发掘，就会给你带来更大的发展空间，从而达到提升自己的目的。

第四章　如何依靠新空间取得成功

空间语录

在逆境中，困难和压力逼迫身心，这时应懂得一个"屈"字，委曲求全，保存实力，以等待转机的降临。

做人就要刚柔并济，能刚能柔，能屈能伸，当刚则刚，当柔则柔，屈伸有度。

世界上如果说有一种药能够救人于失败落魄的境地，那么这剂药的名字就叫"坚韧"。

其实，做人做事，先比才能，再比智慧。如果才能不足，智慧用尽，那就比耐力吧。

拥有良好稳定的情感自制力，是一个高效率的成功团队和它的领导者应该具备的素质。

理性的执行才是真正的执行！

打造执行力，就要把握好管理团队适度的级差，老板下属，齐头并进。

当你拥有了空间时，你只是能够有机会去窥看另外一个领域的情景。而如果你意识到对方空间的重要性并且意欲看个究竟时，那么只要往前走走，就有可能看到全景。

你的空间有多大 Money&You

Money&You是您一辈子至少要参加一次的课程

一套可以现学现用、务实可行、永远增值的成功系统！

一份让您有哭有笑、真实感动、永生受惠的人生经验！

☞ 这些优秀人士都是Money&you的毕业生，请看……

"Money&you是一个最值得投资时间和金钱帮助你改变的课程。"

——全球最顶尖激励大师 安东尼·罗宾（Anthony Robbins）

"Money&you改变了我的生命，重新引导了我的事业方向。这个课程表面上看起来发掘自我的相关性大于谈论金钱的部份，然而就是在这学习如何完整自我发展的过程中，我却更自然地赚到更多越乎想象的财富。"

——全球畅销书《富爸爸穷爸爸》作者罗伯特·T·清崎（Robert T.Kiyosaki）

林伟贤老师是亚州语速最快，学习力最强，思维最敏锐的卓越行销激励训练导师，是所有成功学老师的典范。Money&you是一个不可错过的超级课程。

——行动成功国际教育集团董事长 李践

感谢Money&you给我带来改变，让今天的我不仅拥有成功的事业，更拥有成功的人生。我上完Money&you以后做的第一件事就是帮我公司50几位高层管理人员统统报了名。

——2008年北京奥运会文具独家供应商　宁波贝发集团总裁 邱智铭

Money&you激发了我的潜能，我突然明白你不需要学习如何赚钱，只要你上了Money&you，你学会了这样一套系统，金钱自然会来，更重要的是幸福也会随之而来。

——上海齐鼎餐饮发展有限公司董事长 齐大伟

☞除上述见证者外，还有更多来自各行各业的成功人士……

　　史宾赛·强生（Spencer Jormson）——畅销书《一分钟经理人》合著作者

　　凯利·克兹（Cary Kurtz）——《星球大战》电影制片人

　　朱利·薛本（Julie Sherborn）——《Elle》杂志总编辑

　　陈艾妮——台湾地区最知名的两性沟通专家

　　张启扬——马来西亚全国最大英语培训特许事业创办人

　　何　平——七匹狼—与狼共舞创办人

　　朱跃明——杭州商源控股有限公司董事长

　　王　勇——上海永琪美容美发连锁创办人

　　张　晖——中国霓虹灯行业第一名

　　吴　凌——上海敦奴（国际）时装有限公司董事长

　　……

(限于篇幅，更多学员未能一一列出)

你的空间有多大 Money&You

☞ 下一个毕业的成功人士会是你吗？

问题1：什么人适合参加这课程？

　　从8岁到75岁皆有人参加这课程。在记录上年轻的，年老的皆有，他们都是其他毕业生邀请的亲戚朋友。

　　我们很骄傲地感受到一个事实，大多的参与者从这课程中学到许多，他们也是主动送他的家人朋友及同事来上下一梯的Money&you。浙江义乌的何平董事长在上完课后立刻送了152位全国经销商来上课；宁波的邱智铭总裁也送了52位员工来上课，并且另外发同行暨竞争伙伴近百位一起来上课；上海台商戴吉义董事长，陆续介绍了80几位朋友来上课。这些都说明了课程的实用性与魅力。我们亦鼓励人们带他的另一半来。许多夫妻发现他们因为分享生命的"真实"，所以关系获得改善也更亲密。也更了解彼此间的工作领域所面对的挑战，而且亦有共通的语言来帮助他们快速地解决争议。

问题2：我已经参加了许多类似的课程，Money&you和它们有什么不同？

　　最大的差别是您将会发现Money&you将心灵及金钱做完美的结合，有些课程强调心灵快乐却失去了赚钱的动力，实在非常可惜。而有些课程不断教我们成功致富，却失去了平静及均衡的生活，Money&you却是一个让我们心灵更富足快乐且可以运用"杠杆原理"创造更多的财富。您将会非常的愉快，且会完全沉醉在学习和发现的过程。在这课程实行了32年的历史，所有活动游戏都有博士论文来基础，光第一天晚上的活动就有3个博士论文。事实上，在每个字的精髓中——这课程的创办者Marshall Thurber是完全的精神领袖。在组织系统中，他精心选择了游戏、练习可以承继的思考模式，并且课程也将不断继续、延伸、成长使课程不断地创造无法想象的效果。

问题3：我现在在事业上经营得很好，我还需要上这课程吗？

不管您喜欢与否，为了应付快速转变的世界，您都要使自己个人在领悟、策略和经济上更成长。您不能静止，这就是许多商人和管理者的最大错误——认为现在已经做得很好了，为什么还要学习和继续成长。继续成长学习不是选择，而是必须。您唯一的竞争优势，不是您拥有多少，而是您学习的速度有多快。

问题4：我没有时间来参加这个课程！

是的，许多人用生命在赚钱而不是规划一个值得拥有的生命。您这么忙碌，但是我们都知道均衡生活的重要，真的希望一直忙碌下去还是先规划三天的时间只为了未来的生活更轻松自在？而且这课程开在周末的日子，所以，您顶多只是运用了一个工作日。试想，您花多少时间在工作上而非投入在工作中。藉由三天的时间，您将会发现您看事情的角度将比以前更清楚。Money&you对您将是一个完全的机会来检视您的事业、您的生活和了解您真正想要的是什么。

问题5：三天的课程能学得了这么多内容吗？

这也是Money&you课程的特别之处，因为我们采用的是"超级学习法"，可以让你在最短的时间内吸收到最多的知识。Money&you是一辈子终身免费复习的课程，你可以每次都回来复习以吸取更多，很多学员反应说，他们都在每次的复习中收获了更多当初上课时未曾收获到的内容。这也是很多学员经常回来复习的原因。

问题6：我上完课程没有收获怎么办?

您的担心是正常的，因为您还没有亲身感受到Money&you的魅力，很多人没上课之前都有像您这样的担心，当他们上完课之后，都有一个共同的感受就是："我早就应该来上Money&you了，如果我早一点来，我今天的成就一定更不同！"而且我们Money&you有一个保障学员权益的退款机制，就是如果您完整的上完三天的Money&you课程，万一真的没有任何收获的话，您可以在上课现场向我们的现场总监提出申请，我们将会无条件退还你的学费！

问题7：Money&you的开课时间与地点在哪?

最近开课时间和地点请参阅：www.my720.cn

问题8：我决定参加Money&you课程，怎么报名啊?

【报名流程】：

一、在www.my720.cn点击下载报名表；

二、把学费汇入账户；

三、传真报名表和汇款底单。

【咨询热线】：

15801722252（莫老师）

13916652875（红兵老师）